W0247218

Karte als Abbild

Generalisieren

Karteninhalt

Rand und Rahmen

Karten, Globen & Co.

Tips zum Kartenkauf

Anhang

075-ka Abb · ws

REISE KNOW-HOW im Internet

Aktuelle Reisetips und Neuigkeiten
Ergänzungen nach Redaktionsschluß
Büchershop und Sonderangebote
Weiterführende Links zu über 100 Ländern

http://www.reise-know-how.de/

Der
**Reise Know-How Verlag
Peter Rump GmbH**
ist Mitglied der Verlagsgruppe
REISE KNOW-HOW

Wolfram Schwieder
Richtig Kartenlesen

„Indiana ist rosa? Sag mal, spinnst du?"
„Ich spinne nicht. Ich hab auf der Landkarte
nachgeguckt, und dort ist Indiana rosa."
(...) „Glaubst du im Ernst, daß die Staaten die
gleiche Farbe haben wie auf der Karte?"
„Wozu ist denn eine Karte da? Ist sie nicht dazu
da, daß man was von der Erde lernt?"
Mark Twain, Tom Sawyers neue Abenteuer

Impressum

Wolfram Schwieder
Richtig Kartenlesen
erschienen im
Reise Know-How Verlag Peter Rump GmbH
Osnabrücker Straße 79, 33649 Bielefeld

© Peter Rump
1. Auflage 1999
Alle Rechte vorbehalten.

Wir freuen uns über Kritik, Kommentare und Verbesserungsvorschläge.

Alle Informationen in diesem Buch sind vom Autor mit größter Sorgfalt gesammelt und vom Lektorat des Verlages gewissenhaft bearbeitet und überprüft worden.

Da inhaltliche und sachliche Fehler nicht ausgeschlossen werden können, erklärt der Verlag, daß alle Angaben im Sinne der Produkthaftung ohne Garantie erfolgen und daß Verlag wie Autoren keinerlei Verantwortung und Haftung für inhaltliche und sachliche Fehler übernehmen.

Gestaltung
Umschlag: G. Pawlak, P. Rump (Layout), G. Pawlak (Realisierung)
Inhalt: G. Pawlak (Layout), A. Schwarz (Realisierung)
Fotos: Wolfram Schwieder (ws)
Zeichnungen: Antonina Lorys (al), Iain MacNeish (ia)

Druck und Bindung
Fuldaer Verlagsanstalt GmbH, Fulda

ISBN 3-89416-753-X
Printed in Germany

Dieses Buch ist erhältlich in jeder Buchhandlung der BRD, Österreichs, der Niederlande und der Schweiz. Bitte informieren Sie Ihren Buchhändler über folgende Bezugsadressen:

BRD
Prolit GmbH, Postfach 9, 35461 Fernwald (Annerod)
sowie alle Barsortimente
Schweiz
AVA-buch 2000, Postfach 27, CH-8910 Affoltern
Österreich
Mohr Morawa Buchvertrieb GmbH
Sulzengasse 2, A-1230 Wien
Niederlande
Nilsson & Lamm BV, Postbus 195, NL-1380 AD Weesp

Wer im Buchhandel trotzdem kein Glück hat, bekommt unsere Bücher direkt bei: **Rump Direktversand,** Heidekampstraße 18, D-49809 Lingen (Ems) oder über den **Büchershop** auf der Homepage: www.reise-know-how.de

Wolfram Schwieder

Richtig
Kartenlesen

Inhalt

8 Vorwort

Die Karte als Abbild der Landschaft

12 Vergleich zwischen Karte, Foto und Beschreibung
15 Definition einer Karte

Von der Natur zur Karte – Generalisieren

18 Einzelne Arbeitsschritte
18 Vereinfachen
19 Vergrößern und Verdrängen
20 Zusammenfassen
20 Auswählen
21 Gruppen, Typen und Klassen bilden
21 Funktionen und Wertungen darstellen
22 Generalisierung am Beispiel einer Maßstabsfolge

Karteninhalt

28 Geländedarstellung
    Schrägansicht und Schraffen (28) / Höhenlinien
    (29) / Höhenpunkte (34) / Höhenschichten
    (34) / Schummerung (36) / Kleinformen (37)
39 Signaturen
    Gewässer (41) / Vegetation (42) / Gebäude
    und Siedlungen (42) / Verkehr (44) / Straßen
    und Wege (44) / Bahnen (46) / Weitere
    Verkehrssignaturen (47) / Grenzen (47) /
    Einzelzeichen (48)
48 Schrift
    Namen (49) / Abkürzungen (49) / Zahlen (50) /
    Schriftform (51)

Kartenrand und Kartenrahmen

54 Formaler Kartenaufbau
56 Kartenrahmen
57 Koordinaten
71 Kartenrand
82 Maßstab und Entfernungen

Karten, Globen & Co.

92 Topographische Karten – thematische Karten
93 Kartentypen
105 Kartenverwandte Darstellungen
111 Karten auf CD-Rom

Welche Karte ist die richtige? – Tips zum Kartenkauf

122 Welche Karte für welchen Zweck?
122 Wo gibt es die richtige Karte?
123 Wie beurteilt man eine Karte?
126 Mit der Karte unterwegs
127 Karten für Europa und die Welt –
    eine kommentierte Auswahl
        Europa (130)
        Karten außerhalb Europas (140)
        Kartenwerke für die gesamte Erde (141)

Anhang

144 Landkartenspezialisten
157 Register
160 Der Autor

„Geht's da jetzt links oder rechts?"
„Weiß ich nicht, guck doch mal auf die Karte."

Wer sich selbständig in der Natur bewegt, ist darauf angewiesen, sich zu orientieren. Wer sich bereits auskennt, ist auf weitere Hilfsmittel nicht angewiesen – den Weg zur Arbeit oder den Lieblingsspaziergang wird man kaum mit einer Landkarte antreten.

Ein bislang unbekanntes Gelände kann man sich zeigen lassen, auf gut Glück erwandern oder aber mit Hilfe einer Landkarte bereits im Voraus überblicken – sofern man die Karte zu lesen versteht.

Landkarten sind seit alters her ein Abbild der Landschaft. Auf frühen Karten ist der Bildcharakter noch klar erkennbar, es gibt beispielsweise Bäume oder Berge zu sehen; auf heutigen Karten ist die Abbildung extrem formalisiert. Wer sich aber diese Formensprache aneignet, kann das „Bild" der Karte wieder in ein Landschaftsbild zurückverwandeln.

In diesem Buch werden die wichtigsten Tips, Regeln und Kenntnisse für das Kartenlesen vermittelt. Ich habe allerdings bewußt auf die Behandlung weiterer Hilfsmittel wie Kompaß, Höhenmesser oder gar GPS verzichtet (sie werden im Praxis-Band „Orientierung mit Kompaß und GPS" erläutert). Wenn man in Mitteleuropa unterwegs ist, wird man sie selten brauchen, selbst erfahrene Bergsteiger können die Fälle, in denen sie auf einen Kompaß angewiesen waren, oft an einer Hand abzählen. Durch diese Einschränkung erspart man sich viele komplizierte Sachverhalte und ist trotzdem für die normale Orientierung beim Wandern, Rad- oder auch Autofahren bestens gerüstet.

Der topographischen Karte wird dabei besonders viel Platz eingeräumt, da an ihr das „Prinzip Karte" am besten zu veranschaulichen ist, anzuwenden ist es dann auch auf eine Straßenkarte oder jede andere Landkarte.

Da die Theorie nur den Anfang darstellt, sollte man möglichst oft eine Karte benutzen, auch wenn man noch nicht darauf angewiesen ist – denn Übung macht nicht nur den Meister, sondern sehr schnell auch viel Spaß!

Wolfram Schwieder

Ein Hinweis zur Benutzung

Die **Abbildungsqualität** der gezeigten Landkarten entspricht in keinster Weise den Originalen.

Auch sind die Karten **nicht maßstabsgetreu** abgebildet. Ausnahmen von dieser Regel: die Karten in den Umschlaginnenseiten, im Kapitel „Karte als Abbild" und im Kapitel „Generalisieren".

003ka / 004-ka / 005-ka Abb., ws

Die Karte als Abbild der Landschaft

Karte als Abbild

Vergleich zwischen Karte, Foto und Beschreibung

*◀ ◀ **Abb. 1:** Ansichten des Hofes Meyer zu Bentrup*

Um eine Landschaft kennenzulernen, die man noch nicht in natura kennt oder die nicht als Ganzes zu überblicken ist, kann man sie abbilden (etwa auf Fotos) oder beschreiben (etwa in einer Wegbeschreibung).

Nichts anderes geschieht auf einer Karte. Allerdings wird sowohl die Abbildung als auch die Beschreibung so weit wie möglich schematisiert und abgekürzt, um möglichst viele Informationen auf kleinstem Raum unterzubringen.

Dazu gleich ein Beispiel: ein Bauernhof in der Nähe von Bielefeld.

Die **Fotos** auf der vorigen Doppelseite zeigen verschiedene Hofgebäude, ein Silo, Gewächshäuser ... Die Ausdehnung und Art der Anlage ist jedoch so nicht zu überblicken; ein Foto aus der Luft kann hier Abhilfe schaffen (Abb. 2):

*▶ **Abb. 2:** Ein Ausschnitt der Luftbildausgabe der Deutschen Grundkarte 1:5000. Hier ist jetzt die Anordnung der Hofgebäude und Gewächshäuser zu erkennen.*

12

Eine kurze **Beschreibung** könnte folgendermaßen lauten: „Der Hof Meyer zu Bentrup besteht aus mehreren Hofgebäuden, die um einen Hofplatz gruppiert sind; in einer Ecke ist ein kleiner Teich. Im Westen schließen sich elf große, direkt aneinandergebaute Gewächshäuser an, jedes etwa 25 mal 60–70 m groß. Daran noch ein weiteres großes Lagergebäude. Drei befestigte Wege führen auf dem Hofplatz zusammen, und auf der Nordseite stehen zwei schöne alte Bäume. Das Wohnhaus ..."

Einen Großteil dieser Informationen liefert auch die **Karte** (Abb. 3). Wer sie nicht zu lesen gewohnt ist, kann sich die einzelnen Elemente auch anhand der Legende (Abb. 5) zusammensuchen. Die Legende ist eine Art „Übersetzungshilfe", mit der man die Bedeutung der Kartensignaturen entschlüsseln kann. Wie man alleine aus der Übersetzung mit Hilfe der Legende feststellen kann, liefert die Karte mindestens ebensoviele Informationen wie die kurze Beschreibung, und das auf einer Fläche von nur 4 cm².

Ein Luftbild im selben Maßstab ist für den ungeübten Betrachter kaum noch zu entziffern (Abb. 4, warum das so ist, wird im Kapitel „Generalisieren" erklärt). Außerdem entfällt natürlich die Hilfestellung durch die Legende.

Wollte man die Lage der einzelnen Kartenelemente zueinander ebenso präzise beschreiben wie die Karte, bräuchte man dazu womöglich mehrere Buchseiten. Nimmt man noch die Angaben hinzu, die sich aus anderen Teilen der Karte und dem Kartenrand ergeben, erhält man noch eine Fülle an weiteren Informationen, beispielsweise:

▲ **Abb. 3 und 4:** *Ausschnitte aus Karte und Luftbildkarte 1:25.000.*

▼ **Abb. 5:** *Auszug aus der Legende mit allen Symbolen, die im Kartenausschnitt vorkommen.*

▪ ◾ ▪▪	Einzelne Gebäude
▥▥▥▥	Gewächshaus
♀ ○ ♣	Hervorragende Bäume
ND	Naturdenkmal
▲	Zeltplatz, Campingplatz
⬭	Weiher, Teich
●●●●●●●●●●●●●	Hecke
═══════	Hauptweg (befestigt)
-------------	Nebenweg (befestigt oder unbefestigt)
⋀ ⋀ ⋀	Nadelwald
○ ○ ○	Laubwald

- Der Hof heißt Meyer zu Bentrup.
- Er liegt nicht weit vom Bahnhof Quelle.
- Die Höhe über Normalnull (Meeresspiegel) beträgt rund 130 Meter; das Gelände steigt nach Nordosten hin leicht an.
- Der Hof gehört zur Stadt Bielefeld, zum Regierungsbezirk Detmold, zum Bundesland Nordrhein-Westfalen.
- Die genaue Lage des Hofes auf der Erde kann in geographischen oder geodätischen Koordinaten angegeben werden (siehe Koordinaten).

Aus all dem läßt sich bereits ziemlich deutlich zeigen, in welchen Bereichen die Karte den anderen Darstellungsformen überlegen oder aber unterlegen ist und wo die Gemeinsamkeiten liegen:

- Die Karte zeigt **Lage** und **Entfernungen** in der Regel präziser als eine Beschreibung oder ein Foto.
- Auf einer Karte können auf gleichem Platz weit **mehr Informationen** untergebracht werden.
- Die Karte zeigt im Gegensatz zum Foto **Sachverhalte,** die in der Natur nicht zu sehen sind, beispielsweise Verwaltungsgrenzen oder Höhenangaben.
- Die Karte ist **weniger anschaulich** als ein Foto.
- Die Karte kann und muß für unterschiedliche Dinge einen Oberbegriff benutzen. Sie faßt beispielsweise Wohnhaus, Scheune, Stall und Lagerhaus zu „Gebäude" zusammen. Dieses Zusammenfassen und Vereinfachen wird auch als **Generalisieren** bezeichnet. Im Einzelfall erhält man dadurch zwar weniger Informationen, in der Gesamtheit der Karte aber einen deutlich besseren Überblick (siehe Generalisieren).
- Die Karte zeigt im Gegensatz zum Foto **keine Momentaufnahme,** sondern ein von momentanen und saisonalen Schwankungen freies Bild der Landschaft; alle nur zeitweilig anwesenden Objekte wie Autos oder Menschen werden weggelassen, aber auch Schnee, Straßenzustand oder Belaubung lassen sich

nicht oder nur eingeschränkt aus einer Karte ablesen. Gleichwohl gibt es natürlich auch für die Karte einen letzten Stand der Informationen. Sie kann also ebenso **veralten** wie Foto oder Beschreibung (siehe Kartenrand, Aktualität).

- Karte wie Foto geben in der Regel die Natur **verkleinert** wieder, eine Beschreibung steht außerhalb der Kategorien „Klein und Groß". In der Art der Verkleinerung unterscheiden sich Karte und Foto allerdings: Die Verkleinerung der Karte vollzieht sich nach geometrischen Gesichtspunkten und ist im Normalfall auf der ganzen Karte annähernd gleich, die Verkleinerung des Fotos ist nach den Gesetzen der Perspektive oft extrem unterschiedlich.
- Die Karte vereint die Elemente Schrift und Bild.
- Karte und Foto sind im Gegensatz zur Natur nur **zweidimensional.**

Definition einer Karte

Wer sich die oben aufgeführten Eigenschaften der Karte klar macht, der kann auch problemlos eine Kartendefinition nachvollziehen, wie sie beispielsweise der Schweizer Kartograph Eduard Imhof 1968 geprägt hat: Er bezeichnet Karten als **„verkleinerte, vereinfachte, inhaltlich ergänzte und erläuterte Grundrißbilder der Erdoberfläche oder von Teilen derselben".**

Die einzelnen Elemente dieser Definition werden in den folgenden Kapiteln genauer behandelt:

- Verkleinerung: siehe Maßstab und Entfernungen
- Vereinfachung: siehe Generalisierung
- Inhaltliche Ergänzung und Erläuterung: siehe Signaturen, Schrift und Generalisierung
- Grundrißbilder: Wie die zweidimensionale Karte dennoch einen Eindruck der dritten Dimension vermittelt, siehe Geländedarstellung.

Von der Natur zur Karte – Generalisieren

Generalisieren

◀ ◀ *Abb. 6: Ein Haus in Schweden. Auf dem Foto sind die Anbauten deutlich zu erkennen. Die Kartenausschnitte 1:50.000 (links) und 1:250.000 (rechts) zeigen nur ein Rechteck (Karten nicht maßstabsgetreu).*

Generalisieren wird in der Regel mit Vereinfachen und Zusammenfassen umschrieben. Es umfaßt jedoch weit mehr einzelne Arbeitsschritte, die zusammengenommen einen Hauptteil der Arbeit des Kartographen ausmachen. Sie sind die **„Übersetzung" von der Natur in die Sprache der Karte;** und wie bei jeder Übersetzung kann man auch hier nicht schematisch vorgehen, sondern es kommt vor allem auf die Fähigkeiten und die Erfahrung des Kartographen an.

Man könnte das Generalisieren als Problem des Kartographen abtun, aber das Lesen und Interpretieren der Karte ist nichts anderes als die gedankliche Rückübersetzung durch den Kartenbenutzer, daher ist es ausgesprochen interessant, die einzelnen Generalisierungsschritte, also die „Übersetzungsmethode", zu kennen.

Natürlich hat die Entstehung einer Karte neben der inhaltlichen auch eine technische Seite, doch ist diese für das Verständnis des Kartennutzers zunächst unerheblich.

Einzelne Arbeitsschritte

Vereinfachen

Vereinfachen ist an einem Beispiel schnell erklärt: Ein Haus mit Anbauten und Erkern wird in einer Karte als einfaches Rechteck dargestellt, da ein einzelner Vorsprung in der Verkleinerung nicht mehr zu erkennen wäre (siehe Abb. 6).

Vereinfachen bedeutet aber beispielsweise auch, daß eine Bergstraße mit vielen Kehren in der Karte mit nur zwei Kurven dargestellt wird. Dadurch verkürzt sich auch die Straßenlänge (Abb. 7).

Also Vorsicht: Auch mit dem besten Entfernungsmesser kann man nur eine ungefähre Entfernung aus der Karte herausmessen, und je kleiner der Maßstab, desto mehr Fehlerquellen gibt es auch. Sofern die bei Straßenkarten üblichen Kilometerangaben angegeben sind, sollte man sich also besser auf sie als auf eigene Schätzungen oder Messungen an der Karte verlassen.

Vergrößern und Verdrängen

Vergrößern klingt zunächst paradox, sind doch Karten immer Verkleinerungen der Wirklichkeit. Auch hier ein Beispiel: Eine 5 m breite Nebenstraße wäre im Maßstab 1:25.000 genau 0,2 mm

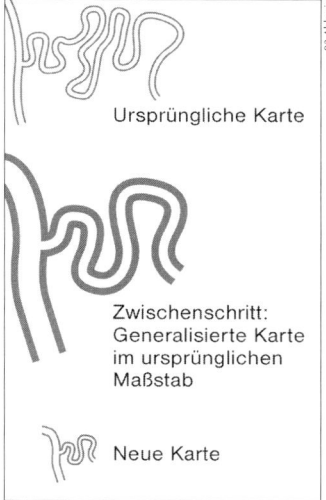

Ursprüngliche Karte

Zwischenschritt: Generalisierte Karte im ursprünglichen Maßstab

Neue Karte

Generalisieren

▲ *Abb. 7:* Eine *Straße wird generalisiert.*

breit. Ein 0,2 mm breiter Strich ist zwar durchaus noch zu erkennen, aber man kann nichts mehr gestalten; und außerdem sollen ja auch noch Hauptwege, Nebenwege, und Fußpfade dargestellt werden, die noch „kleiner" aussehen müssen. Die Anweisungen für die Erstellungen der amtlichen deutschen topographischen Karten 1:25.000 schreiben daher für Nebenstraßen zwischen 4 und 6 m zwei unterschiedlich starke Striche mit einem Zwischenraum vor, die zusammen 0,8 mm breit sind.

Die Nebenstraße ist natürlich im Vergleich zur Wirklichkeit immer noch verkleinert, aber im Vergleich zum Kartenmaßstab erscheint sie vierfach vergrößert, und das bereits bei einem Maßstab für eine genaue Wanderkarte. In einer genauen Autokarte im Maßstab 1:200.000 erscheint diese Nebenstraße bereits 20fach oder mehr vergrößert (siehe Abb. 11)!

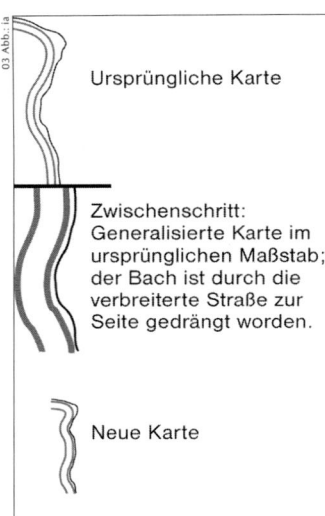

03 Abb : ia

Ursprüngliche Karte

Zwischenschritt:
Generalisierte Karte im
ursprünglichen Maßstab;
der Bach ist durch die
verbreiterte Straße zur
Seite gedrängt worden.

Neue Karte

▲ **Abb. 8:** *Ein
Bach wird durch
das Generalisieren
verdrängt.*

Das **Verdrängen** ergibt sich aus dem Vergrößern. Wenn direkt neben der Straße ein kleiner Bach verläuft, kann er in der Karte nicht mehr genau an die richtige Stelle gezeichnet werden, da hier ja bereits die (vergrößerte) Straße verläuft. Der Bach wird also verdrängt, um auf der Karte wie in der Wirklichkeit neben der Straße zu verlaufen (Abb 8).

Zusammenfassen

Wenn einzelne Häuser auf der Karte wegen der Verkleinerung nicht mehr darzustellen sind, wird statt einer Ansammlung von Häusern nur ein Haus dargestellt. Hinter dem kleinen schwarzen Rechteck, welches ein Gehöft darstellt, verbirgt sich also vielleicht ein Hauptgebäude mit mehreren Neben- und Wirtschaftsgebäuden. Je kleiner der Maßstab, desto mehr wird natürlich zusammengefaßt. So wird das Dorf mit zunächst vielen einzelnen Häuschen zu einem Fleck, bei kleinerem Maßstab nur noch zu einem Punkt, und bei einer Weltkarte sind dann auch Großstädte sinnvoll nur noch als Punkte darzustellen (siehe Abb. 12).

Auswählen

Bereits bei der Erstellung einer Karte muß der Kartograph entscheiden, ob beispielsweise ein kleiner Pfad überhaupt mit aufgenommen oder gleich weggelassen wird. Mit kleiner werdendem Maßstab muß immer mehr ausgewählt bzw. weggelassen werden. Zunächst fallen also Pfade und Wege weg, dann Fahrwege und Nebenstraßen, und auf einer Europakarte sind dann nur noch Autobahnen und die wichtigsten Verbindungsstraßen eingezeichnet. Dabei ist ganz wichtig, daß beim Weglassen nicht nach schierer Größe oder Menge entschieden wird. Eine vierspurige Straße innerhalb der Stadt mag zwar viel größer sein als eine schmale Paßstraße, für den Autofahrer ist aber die Paßstraße als Verbindungsmöglichkeit viel wichtiger. Ein einzelnes Haus wird eher weggelassen als ein Dorf; wenn aber nun das Haus ein beliebtes Ausflugsziel ist, wird es vielleicht zu Recht für die Karte ausgewählt, während das Dorf wegfällt (siehe Abb. 13).

Gruppen, Typen und Klassen bilden

Für den Kartographen wird es in vielen Fällen egal sein, ob er die evangelische Lutherkirche oder die katholische St. Bonifatiuskirche kartiert. Er wird beide zur **Gruppe** „Kirche" zusammenfassen und mit einer einheitlichen Signatur darstellen.

Bei einem Wald wird er sich entscheiden müssen, ob er ihn dem **Typ** „Laubwald", „Mischwald" oder „Nadelwald" zuordnet, obwohl die Übergänge fließend sind.

Straßen werden ja bereits von amtlicher Seite **klassifiziert** und gegebenenfalls so in die Karte aufgenommen. Auf der Karte können aber auch Orte nach Größenklassen dargestellt werden, etwa bis 20.000 Einwohner als Punkt, bis 100.000 Einwohner als Viereck, ab 100.000 Einwohner als Fläche, die in etwa die Stadtfläche abbildet (siehe Abb. 14).

Funktionen und Wertungen darstellen

Im Gegensatz zum Luftbild kann man auf einer Karte **Funktionen** darstellen, die sich nicht aus dem Grundriß erkennen lassen. So läßt sich mit Symbolen

Generalisieren

oder Schrift unterscheiden, ob sich in einem Gebäude etwa eine Post, eine Polizeidienststelle oder ein Krankenhaus befindet, ob ein großer freier Platz etwa ein Parkplatz oder ein Hubschrauberlandeplatz ist, ob ein Bergwerk in oder außer Betrieb ist. Die Fließrichtung eines Flusses läßt sich ebenso wie die vorgeschriebene Fahrtrichtung einer Einbahnstraße durch einen Richtungspfeil darstellen.

Die **Bedeutung** einer Straße – sei sie nun mehr befahren oder höher klassifiziert, z. B. als Bundesstraße – läßt sich durch größere Breite oder andere Farbe darstellen, auch wenn die tatsächliche Straßenbreite dem nicht entspricht. Die Bedeutung eines Ortes läßt sich unabhängig von seiner Größe darstellen, beispielsweise durch eine Unterstreichung oder ein farbiges Kästchen (siehe Abb. 15).

Generalisierung am Beispiel einer Maßstabsfolge

Wie man an den obigen Beispielen sieht, wird zum einen bereits beim **Kartieren direkt von der Natur** generalisiert. Zum anderen auch bei der Weiterbearbeitung von einer Karte zur nächsten. Jeder Verkleinerungsschritt mit dem Ergebnis einer Karte erfordert also eine Generalisierung.

Dies erklärt übrigens auch den wichtigsten **Unterschied zum Luftbild,** welches ab einer bestimmten Verkleinerung zur Orientierung nicht mehr zu gebrauchen ist, da entweder der Betrachter nichts mehr erkennen oder die technische Umsetzung Einzelheiten nicht mehr zeigen kann.

Wenn von einer großmaßstäbigen Karte, die direkt nach der Natur erstellt wurde, Karten in verschiedenen kleineren Maßstäben erarbeitet werden, so spricht man von einer **Maßstabsfolge**. Die meisten staatlichen Vermessungsämter erstellen solche Maßstabsfolgen; so gibt es in Deutschland die **Grundkarte** im Maßstab 1:5000 und **Folgekarten** in den Maßstäben 1:25.000, 1:50.000, 1:100.000, 1:200.000, 1:500.000 und 1:1 Mio. (siehe auch „Kartenrand und Kartenrahmen, Maßstab").

Anhand einer solchen Maßstabsfolge kann man sehr gut sehen, wie sich die Karte durch die fortschreitende Generalisierung immer weiter vom Grundriß entfernt und abstrakter wird. Doch behält die Karte gerade auf diese Weise ihre Lesbarkeit.

Bei den folgenden sieben Kartenausschnitten von amtlichen topographischen Karten (Abb. 9–15) ist jeweils auf der nächstkleineren Karte der Ausschnitt mit einem Rechteck markiert, der auf der vorhergehenden Abb. dargestellt ist.

Generalisieren

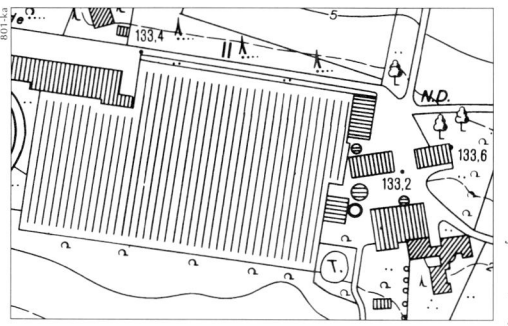

◀ *Abb. 9:* Grundkarte 1:5.000. Hier ist der Hof mit allen Einzelgebäuden dargestellt. Feine Grundrißdetails wie Mauervorsprünge sind jedoch bereits der Generalisierung zum Opfer gefallen.

▶ **Abb. 10:** Top-
Karte 1:25.000.
Hier ist der Hof
im Vergleich zu
Abb. 9 bereits sehr
vereinfacht.

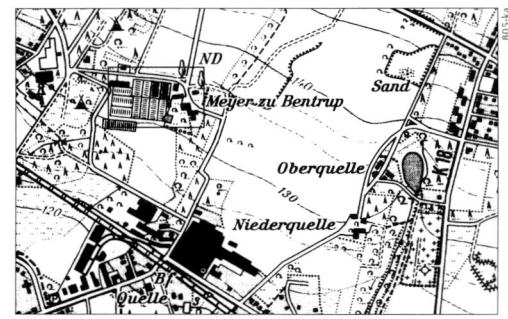

▶ **Abb. 11:** Top-
Karte 1:50.000.
Trotz halbiertem
Maßstab im Ver-
gleich zu Abb. 10 ist
die Straße, die vom
Hof nach Norden
führt, gleich breit,
sie wurde also im
Verhältnis zum
Gesamtmaßstab
vergrößert.

▶ **Abb. 12:** Top-
Karte 1:100.000.
Alle Hofgebäude
sind im Vergleich
zu Abb. 11 zu zwei
kleinen Rechtecken
**zusammen-
gefasst.**

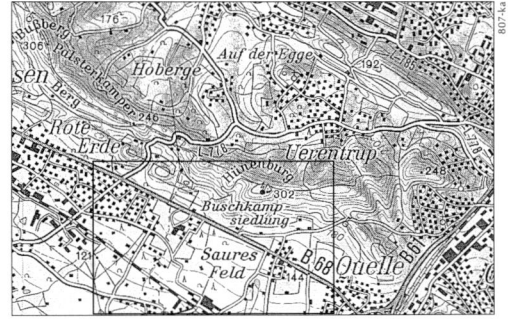

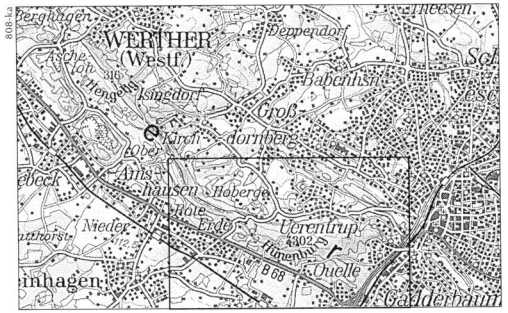

◄ *Abb. 13:* Karte 1:200.000. Im Ortsteil Rote Erde wurden im Vergleich zu Abb. 12 nur einige der Wohnstraßen übernommen, es wurde also ***ausgewählt.***

◄ *Abb. 14:* Karte 1:500.000. Ortschaften werden in diesem Maßstab nicht mehr als Häuseransammlungen dargestellt, sondern als Punkte und Flächen. Sie wurden also ***schematisiert.***

◄ *Abb. 15:* Karte 1:1 Mio. Bielefeld und Herford werden zusätzlich zur Fläche (Ausdehnung) auch als Kreis mit Punkt dargestellt. Er symbolisiert „Kreisstadt"; es wird also eine ***Funktion dargestellt.***

Generalisieren

009-ka / 010-ka / 011-ka Abb.: ws

Karteninhalt

Geländedarstellung

◄◄ *Abb. 16:*
Der Pic Du Midi
d'Ossau in den frz.
Pyrenäen als Foto
sowie als Karten-
ausschnitt der Kar-
ten 1:50.000
(links) und 1:1
Mio. (rechts)

Die Geländedarstellung zeigt die Konturen der Landschaft; sie ist das Kunststück, auf einem zweidimensionalen Papier die dritte Dimension des Raumes, die **Höhe** darzustellen.

Schrägansicht und Schraffen

Auf alten Karten kann man erste Versuche bewundern, Höhen darzustellen. Man malte die Berge einfach in **Schrägansicht**, was sehr anschaulich sein

► *Abb. 17:* Eine
sogenannte Maul-
wurfshügelkarte

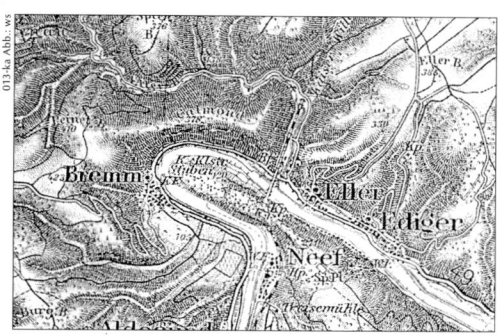

► *Abb. 18:* Aus-
schnitt der Karte
1:100.000 des
Deutschen Reiches
von 1890 mit Bö-
schungsschraffen

kann. Wegen ihres Aussehens werden solche Karten mit vielen kleinen schematisierten Bergen oft als
„Maulwurfshügelkarten" bezeichnet (siehe Abb.
17). Aber einerseits stimmt so eine Schrägansicht
bestenfalls nur aus einer Blickrichtung, andererseits
wird das hinter den Bergen liegende Gebiet verdeckt, und daher ist diese Höhendarstellung für eine vernünftige Orientierung nicht zu gebrauchen.
Die moderne Variante dieser Karten – mit den beschriebenen Vor- und Nachteilen – ist übrigens die
Panoramakarte.

Die nächsten Versuche, die Höhe darzustellen,
bestanden in unzähligen feinen Linien, den sogenannten Bergstrichen oder Schraffen, die immer in
der Richtung des stärksten Gefälles gezeichnet
wurden. Zunächst geschah das eher unsystema-
tisch. Im 19. Jh. wurden dann immer ausgefeiltere
Systeme entwickelt, bei denen die **Schraffen** entweder immer dicker gezeichnet wurden, je steiler
das Gelände war **(Böschungsschraffen),** oder sie
wurden dicker gezeichnet, um einen Schattenef-
fekt hervorzurufen **(Schattenschraffen).** Abb. 18
zeigt, daß man damit eine ziemlich gute Geländedarstellung erreichen konnte.

Die moderne Fortentwicklung des Schatteneffek-
tes ist die Schummerung (siehe Abb. 22), die
Schraffen selbst werden hauptsächlich noch für
Kleinformen verwendet.

Höhenlinien

Höhenlinien sind die wichtigste Form der Höhendarstellung. Diese gedachten Linien – sie kommen
also in der Natur nicht vor – verbinden jeweils alle
Punkte gleicher Höhe über dem Meeresspiegel.
Um sich beispielsweise die 300m-Linie zu veranschaulichen, kann man sich vorstellen, der Meeresspiegel stiege um 300 Meter. Die dann entstehende

Karteninhalt

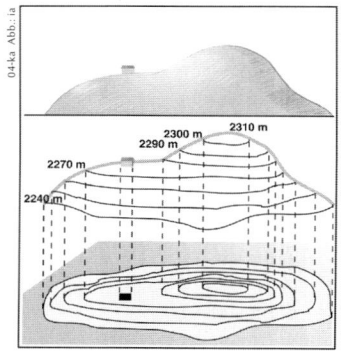

▲ Abb. 19:
*Schematischer
Inselaufriß und
Inselgrundriß*

Uferlinie entspricht in ihrem Verlauf genau dieser 300m-Linie (Abb. 19).

Im Gegensatz zu den Schrägbildern und den Schraffen kann man mit den Höhenlinien die **absolute Höhe der Landschaft** ziemlich exakt darstellen. Aber das ist noch längst nicht alles: die Anordnung der Höhenlinien verrät ausgesprochen viel über die **Form der Landschaft** und ist dementsprechend auch in dieser Hinsicht den anderen Höhendarstellungen überlegen.

Doch zunächst zur absoluten Höhe: Den Höhenabstand zwischen den einzelnen Linien bezeichnet man als **Äquidistanz.** Diese ist für eine Karte oder ein Kartenwerk festgelegt, kann aber unterschiedlich sein je nach Kartenmaßstab und Gelände. So hat eine Karte 1:25.000 in Norddeutschland alle 10 Höhenmeter eine durchgezogene Höhenlinie. Wird das Gelände deutlich steiler, haben so viele Höhenlinien gar keinen Platz mehr. Deshalb wählt man im Hochgebirge in Deutschland eine Äquidistanz von 20 m. Auch bei einem kleineren Maßstab kann man nicht mehr so viele Höhenlinien sinnvoll darstellen, daher beträgt die Äquidistanz bei den Karten 1:200.000 in Deutschland beispielsweise 50 m.

Wenn es der Platz erlaubt, kann es aber in jedem Gelände und bei jedem Maßstab sinnvoll sein, weitere Linien zwischen die Haupthöhenlinien einzuzeichnen. Um sie von letzteren unterscheiden zu können, werden diese **Hilfshöhenlinien** gestrichelt gezeichnet. Im Flachland werden so auf einer 1:25.000er Karte problemlos noch Höhenunterschiede von nur 1,25 m dargestellt.

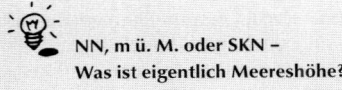

NN, m ü. M. oder SKN –
Was ist eigentlich Meereshöhe?

*Um verschiedene Höhen, beispielsweise zwei Berggipfel, miteinander zu vergleichen, muß man eine gemeinsame Basis haben; und damit man keine Minuswerte bekommt, nimmt man am besten den Meeresspiegel - soweit arbeiten die Kartenhersteller in allen Ländern gleich. Doch bei der Festlegung des Meeresspiegels beginnen die Unterschiede. Bei der amtlichen deutschen Kartographie beziehen sich die Höhenwerte auf **Normal Null** (NN), welches sich wiederum auf den Amsterdamer Meerespegel bezieht. Für Österreich gilt eine Pegelmarke in Triest, für die Schweiz ein Felsen im Genfer See, der wiederum eine definierte Höhe von 373,6 m ü. M. = **Meter über dem Meer** (genauer über dem mittleren Wasserstand des Mittelmeeres) hat. Doch keine Sorge, für den Wanderer sind die Unterschiede zwischen den Pegeln zu vernachlässigen; sie liegen normalerweise im Zentimeterbereich.*

*Spannender wird es für Seefahrer an der deutschen Küste: Höhen- und vor allem Tiefenangaben auf deutschen Seekarten beziehen sich nämlich auf **Seekartennull** (SKN) und können von Normal Null um bis zu zwei Meter abweichen - ziemlich viel, wenn es sich beispielsweise um fehlendes Wasser unterm Kiel handelt ...*

Die absolute Höhe kann man an **Zähllinien** ablesen. Beispielsweise alle hundert Höhenmeter ist der Höhenwert direkt an der Linie angeschrieben; von dieser aus muß man die Linien abzählen um den Höhenwert einer bestimmten Linie zu ermitteln. Die Zahlen des Höhenwertes sind so eingetragen, daß ihr oberes Ende immer hangaufwärts zeigt.

Auf mehrfarbigen Karten sind Höhenlinien in aller Regel **braun** eingetragen (und nur Höhenlinien und

Karteninhalt

Höhenwerte haben diese Farbe), es gibt aber Ausnahmen: Höhenlinien auf Fels und in manchen Karten auf Geröll sind **schwarz,** Höhenlinien auf Gletschern und unter Wasser werden **blau** gezeichnet. Die blauen Linien in Seen sind übrigens keine Tiefenlinien, sie geben also nicht die Seetiefe an, sondern auch die Höhe in Bezug zum Meeresspiegel. Die Tiefe errechnet sich dann, indem man den Wert einer Höhenlinie im See von dem des Seespiegels abzieht.

Für die Anordnung der Höhenlinien gilt als wichtigste Faustregel: je dichter die Höhenlinien beieinander liegen, desto steiler ist das Gelände.

Man kann die genaue Steigung in Grad oder Prozent errechnen oder sie sogar auf einigen Karten von einem **Neigungsmaßstab** (auch als **Böschungsdiagramm** bezeichnet) ablesen. Es ist aber fraglich, ob man mit einer genauen Steigungsangabe allzuviel anfangen kann, zumal in wirklich steilem Gelände die Höhenlinien oft so dicht beieinanderliegen, daß ihre Aussagekraft beeinträchtigt ist. Es kommt also auch hier wieder darauf an, sich mit dem Höhenlinienbild einer Karte möglichst vertraut zu machen, indem man seinen Weg auf der Karte verfolgt, um so Erfahrungswerte für Steigungen – oder Gefälle – zu bekommen.

Die folgenden Regeln sind größtenteils auch anschaulich in Abb. 20 dargestellt.

●Höhenlinienkurven, deren Scheitelpunkte **hangaufwärts** weisen, bilden ein **Tal** ab, U-förmige Kurven weisen auf ein weites Tal hin, V-förmige Höhenlinien bilden ein enges bzw. stark eingeschnittenes Tal ab.

●Höhenlinienkurven, deren Scheitelpunkte **hangabwärts** weisen, bilden einen **Bergrücken** ab. Die U-Form weist auf einen breiteren Bergrücken hin, die V-Form auf einen schmaleren Rücken, im Extremfall auf einen Berggrat.

●Ein Weg, der parallel zu den Höhenlinien verläuft hat keine Steigung. Je eher der Weg quer zu den Höhenlinien verläuft, desto steiler ist er: Ein Weg im

▶ *Abb. 20:*
Höhenlinien-
formen und ihre
Entsprechung im
Landschaftsbild

GELÄNDEDARSTELLUNG

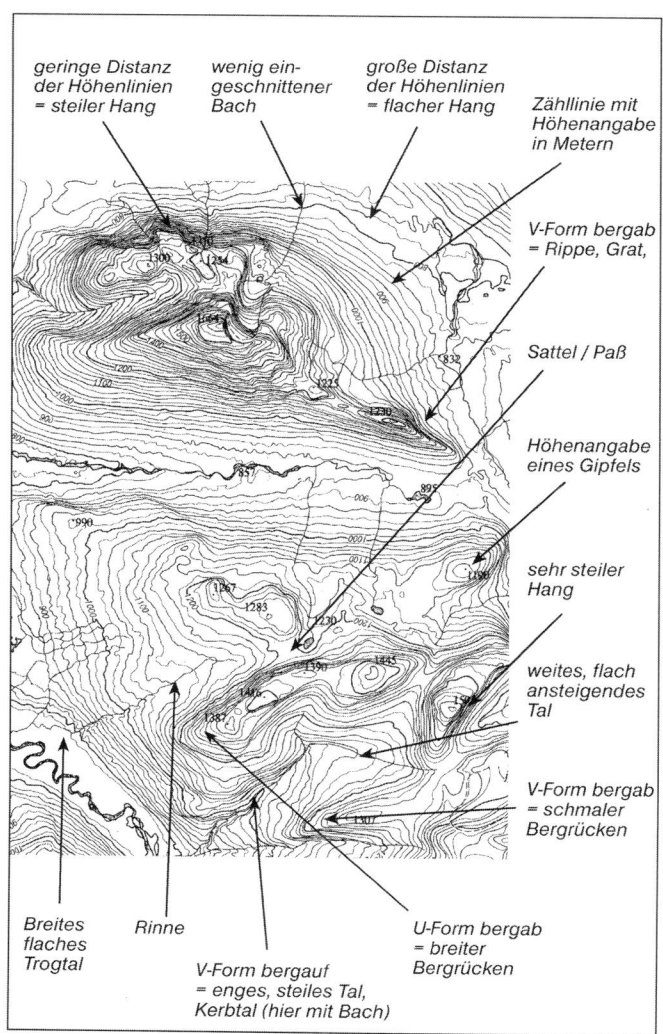

geringe Distanz der Höhenlinien = steiler Hang

wenig eingeschnittener Bach

große Distanz der Höhenlinien = flacher Hang

Zähllinie mit Höhenangabe in Metern

V-Form bergab = Rippe, Grat,

Sattel / Paß

Höhenangabe eines Gipfels

sehr steiler Hang

weites, flach ansteigendes Tal

V-Form bergab = schmaler Bergrücken

Breites flaches Trogtal

Rinne

V-Form bergauf = enges, steiles Tal, Kerbtal (hier mit Bach)

U-Form bergab = breiter Bergrücken

Karteninhalt

05-ka Abb...ia

33

rechten Winkel zu den Höhenlinien nimmt die steilstmögliche Route – die **Direttissima.** Ebenso verlaufen Flüsse und Bäche rechtwinklig zu den Höhenlinien, da sie den Weg des stärksten Gefälles fließen.

Höhenpunkte

Markante Geländepunkte wie Gipfel und gut zu identifizierende Punkte, z. B. eine Brücke oder eine Straßenkreuzung, werden oft mit einer Höhenangabe versehen. Höhenpunkte sind eine gute Ergänzung zu den Höhenlinien; sie ermöglichen die schnelle, zweifelsfreie Bestimmung der absolute Höhe und erleichtern die Geländeinterpretation, etwa wenn sie den tiefsten Punkt einer Mulde oder die Höhe eines Vorsprungs angeben.

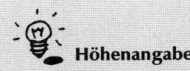

Höhenangabe

*Es gibt viele Karten, insbesondere im angelsächsisch geprägten Raum, auf denen die **Höhen in feet** (Fuß) angegeben sind. Diese „Füße" sind jeweils genau 30,48 cm groß. Für eine erste Orientierung reicht es durchaus, wenn man die Feet-Höhenwerte einfach drittelt, um Meterangaben zu bekommen. Wenn man es genau wissen möchte, multipliziert man die feet mit 0,3048. Wer sich also in den schottischen Highlands über all die Drei- und Viertausender wundert, sollte mal einen Blick in die Legende werfen ...*

Auf Straßenkarten werden Höhenpunkte oft mit einer Schummerung (siehe unten) kombiniert, und auch auf Atlaskarten ergänzen Höhenpunkte (für die wichtigsten Gipfel) eine Schummerung oder Höhenschichten.

Höhenpunkte allein sind also für eine einigermaßen anschauliche Geländedarstellung kaum brauchbar. Andererseits sind sie die unverzichtbare Ergänzung für jede Art der Höhendarstellung in allen Maßstabsbereichen.

Höhenschichten

Während Höhenlinien überwiegend in großmaßstäblichen Karten verwendet werden, sind Höhenschichten vor allem in Karten kleinerer Maßstäbe zu finden, beispielsweise in Atlaskarten oder Weltkarten (Abb. 21). Alle Gebiete, die in einem Höhenbereich liegen, bekommen eine bestimmte Farbe, beispielsweise zwischen 100 und 300 Metern über dem Meer hellgrün. Die Trennlinien zwischen den einzelnen Farbschichten sind nichts anderes als Höhenlinien, allerdings mit erheblich größeren Äquidistanzen. Auch sind die einzelnen Höhenbereiche nicht gleich groß, sondern möglichst so, daß die Geländestruktur deutlich wird, also feiner abgestuft im tieferen Bereich. Eine Höhenskala könnte beispielsweise folgende Abstufungen haben: 0–200 m; 200–500 m; 500–1000 m; 1000–2000 m; 2000–3000 m; 3000–4000 m usw. Für die Farbskala gibt es keine einheitlichen Konventionen, eine ähnliche wie die folgende kann man auf vielen Karten sehen (ab Meereshöhe aufwärts): dunkelgrün, hellgrün, gelb, hellbraun, dunkelbraun, rotbraun, weiß. Bei Meerestiefen ist das schon eindeutiger, sie sind in aller Regel von hellblau (flach) nach dunkelblau (tief) abgestuft.

▼ **Abb. 21:** Auf dieser Frankreichkarte 1:1 Mio. sind die Berge mit Höhenschichten dargestellt.

Karteninhalt

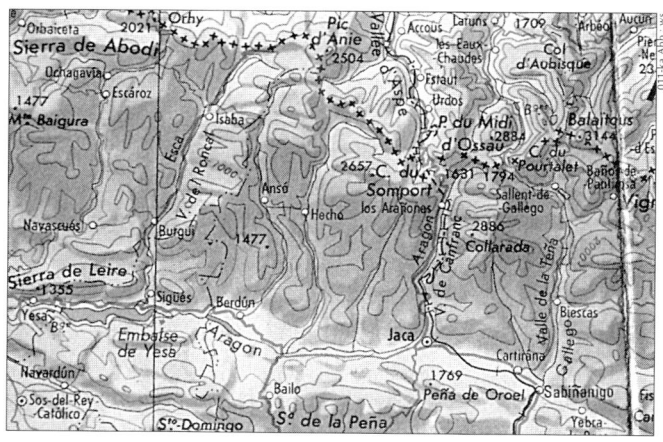

Schummerung

Wenn man sich das Wort „schummerig" im Sinne von „schattig" oder „Stellen, an die weniger Licht hinkommt" vergegenwärtigt, hat man schon die halbe Erklärung für das Verfahren der Schummerung. Man stelle sich eine Gebirgslandschaft vor, die aus einer bestimmten Richtung beleuchtet wird. Überall wo jetzt die Berge Schatten werfen, färbt der Kartograph die Karte dunkler. Wie bei den Schraffen gibt es zwei verschiedene Möglichkeiten die Reliefwirkung hervorzurufen:

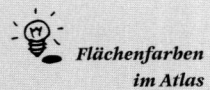

Flächenfarben im Atlas

Während früher die Flächenfarben bei Atlaskarten fast ausschließlich für Höhenschichten verwendet wurden, ist es inzwischen durchaus üblich, auch bei kleinen Maßstäben die Bodenbedeckung bzw. die Vegetationszonen anhand von Farben darzustellen. So bekommen beispielsweise Wüste, Steppe oder Waldland eine bestimmte Farbe, während die Höhe durch Schummerung dargestellt wird.

Bei der **Böschungsschummerung** wird eine senkrechte Lichtquelle angenommen, flaches Gelände ist hell, je steiler das Gelände ist, desto dunkler wird es dargestellt.

Besser ist der plastische Eindruck bei der **Schräglichtschummerung**, bei der das Licht von schräg oben kommt, und zwar erstaunlicherweise von der Karte aus gesehen von Nordwesten. Das entspricht zwar nicht einem natürlichen Lichteinfall, wohl aber der idealen Beleuchtungsrichtung beim Lesen oder Schreiben (links oben) und ruft erfahrungsgemäß den besten plastischen Eindruck hervor. Nordwesthänge werden also hell, Südosthänge besonders dunkel dargestellt.

Die beste Wirkung kann man durch eine **kombinierte Schummerung** erzielen, bei der beide Methoden miteinander verknüpft werden (Abb. 22).

Im Gegensatz zu den Gebirgsschraffen beeinträchtigt eine gut gemachte Schummerung die übrige Kartendarstellung kaum.

▶ *Abb. 22: Auf dieser Schweizer topographischen Karte wirken die Berge dank einer gut gemachten Schummerung besonders plastisch.*

Die Schummerung läßt also keine präzise Höhenbestimmung zu, vermittelt aber im Idealfall ein wunderbar plastisches Bild einer bergigen Erdoberfläche. Genau umgekehrt verhält es sich mit den Höhenlinien; sie können die Landschaftsform zwar recht exakt wiedergeben, sind aber nicht sehr anschaulich. Daher ist für topographische Karten die Schummerung die **ideale Ergänzung zu den Höhenlinien.**

In kleinmaßstäbigen Karten, etwa im Atlas, kann man mit der Schummerung zumindest noch den ungefähren Eindruck eines Gebirges darstellen.

Kleinformen

Nicht jede Geländeform läßt sich mit Höhenlinien ausreichend exakt darstellen, daher gibt es eine Reihe von Symbolen als zusätzliche Hilfsmittel für die Geländedarstellung.

Ein Relikt aus der Zeit der Höhendarstellung mittels Schraffen sind die **Fallstriche** oder **Böschungsstriche.** Mit ihrer Hilfe lassen sich Böschungen, Dämme, Steilabfälle, Steinbrüche oder Hohlwege darstellen. Bei einer Äquidistanz (Höhenabstand der Höhenlinien) von 20 m ist z. B. ein auf vier Meter aufgeschütteter Damm nicht mit Höhenlinien darzustellen, aber

Karteninhalt

Böschungsstriche

Zwei verschiedene Formen
von Böschungsstrichen.
Hangabwärts ist jeweils rechts.

▲ *Abb. 23:*
Böschungsstriche

auch eine immerhin 18 m hohe (also haushohe) Felswand kann sich im ungünstigsten Fall zwischen zwei Höhenlinien „verstecken". Böschungsstriche sind entweder spitze Dreiecke, wobei die Spitze immer hangabwärts weist, oder gleichmäßige, durch eine Linie verbundene Striche, wobei die unverbundene Seite dann hangabwärts weist (Abb. 23). Natürliche Böschungen werden übrigens in der selben Farbe wie die Höhenlinien, also braun, gezeichnet, künstliche Böschungen werden schwarz dargestellt (s. „Farben in topographischen Karten").

Auch in felsigem Gelände sind Höhenlinien oft nicht aussagekräftig genug. Hier wird versucht, die richtige Geländeform durch eine möglichst anschauliche **Felszeichnung** wiederzugeben.

▶ *Abb. 24:*
Auch bei der Fels-
zeichnung gehören
die amtlichen
Schweizer Karten
zu den besten

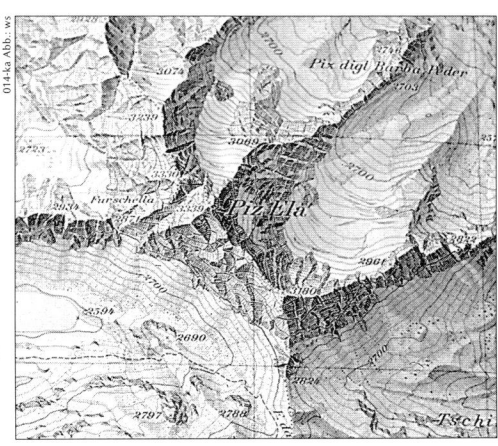

Es gibt Geländeformen, wo allein aus der Anordnung der Höhenlinien nicht ersichtlich ist, ob es sich um eine Kuppe oder einen Kessel handelt; zur sicheren Unterscheidung wird in den Kessel ein zum tiefsten Punkt weisender **Kesselpfeil** eingezeichnet.

Signaturen

Neben der oben beschriebenen Geländedarstellung enthält eine topographische Karte die **Situationsdarstellung.** Sie umfaßt alle Objekte, also beispielsweise Häuser, Siedlungen, Flüsse, Straßen und Wald, aber auch Sachverhalte (die in der Natur nicht sichtbar sind) wie beispielsweise Grenzen.

Diese Objekte sollen möglichst eindeutig, anschaulich und trotzdem platzsparend auf der Karte abgebildet sein, daher bieten sich **Symbole** an, die auf Landkarten als Signaturen bezeichnet werden. Bei einigen Signaturen ist die Herkunft vom Abbild klar zu erkennen, so sieht ein Fluß aus der Luft ja tatsächlich manchmal wie ein blaues Band aus, und auch die Signatur für Nadelwald läßt noch die Form des Tannenbaums erkennen. Andere Signaturen ergeben sich aus der Funktion des abgebildeten Objekts, beispielsweise wird ein Bergwerk oft mit gekreuzten Hämmerchen, ein Fernmeldeturm mit einem Blitz dargestellt. Es gibt aber auch Signaturen, die nur eine geometrische Form darstellen, etwa Kreis, Rechteck oder Dreieck. Sofern es eine allgemein bekannte Lesart gibt (etwa: kleine Kreise auf Atlaskarten sind Städte), erklären sich sogar solche abstrakten Signaturen von selbst.

Viele Signaturen bedürfen aber einer Erklärung, und daher haben die meisten Karten eine **Zeichenerklärung** oder **Legende**. Und da es unendlich viele Signaturen bzw. Signatur-Varianten und leider keine allgemeinverbindlichen Regeln für ihre Verwendung

Karteninhalt

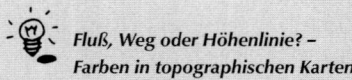

Fluß, Weg oder Höhenlinie? –
Farben in topographischen Karten

*Auch wenn den Kartenherstellern natürlich freigestellt ist,
welche Farben sie verwenden, gibt es doch eine ganze Reihe
von Konventionen, die das Kartenlesen erleichtern. Eine erste grobe Einteilung sieht vier Farben vor:*

- *Blau für Gewässer und alles was mit Wasser zu tun hat*
- *Grün für jede Form der Vegetation*
- *Braun für die Höhendarstellung*
- *Schwarz für alles vom Menschen geschaffene sowie Fel-
sen und Geröll*

*Natürlich gibt es viele Abweichungen von dieser Regel und
zahlreiche Grenzfälle. So sind beispielsweise ein Wasserbehälter oder ein Brunnen auf deutschen Top-Karten blau;
er könnte natürlich mit gleichem Recht schwarz sein, weil
vom Menschen geschaffen. Auch gibt es noch weit mehr
Farben, die zum Teil willkürlich eingesetzt werden, zum
Teil aber auch Konventionen folgen oder diese mit der Zeit
festschreiben. So hat es sich auf vielen Karten eingebürgert,
normale Straßen gelb, die wichtigsten Straßen orange oder
Rot zu zeichnen. Amtliche Karten halten sich eher an die
Regeln der Farbgebung. Die private Kartographie verzichtet öfter darauf zugunsten eines gefälligeren Aussehens.*

gibt, braucht jede Karte bzw. jedes Kartenwerk eine
eigene Legende. Doch keine Angst, in vielen Fällen
stimmen Legenden überein, und wenn man einige
Legenden von topographischen Karten gründlich stu-
diert hat (was übrigens Vergnügen bereiten kann!),
kann man auch auf fremden Karten das meiste richtig
lesen, ohne die „Übersetzungshilfe" in Anspruch zu
nehmen. Im Zweifelsfall sollte man aber lieber einmal
zu oft als zu wenig in die Legende sehen, denn es

kann ärgerliche Folgen haben, wenn sich der lang ersehnte „gepunktete" Pfad als Distriktgrenze erweist ...

Man kann unmöglich alle Signaturen in einer Art „Super-Legende" erläutern, da es wie gesagt unzählige Varianten gibt. Aber man kann sie nach immer wiederkehrenden Gruppen ordnen. Zu den einzelnen Gruppen im Folgenden einige Hinweise und Tips:

Gewässer

Alle Gewässer sind in der Regel **blau dargestellt.** Auch für künstliche Gewässer wie Kanäle oder Stauseen, Wasserbehälter oder Kläranlagen und sogar für die Beschriftung der Gewässer benutzt man die Farbe Blau. Auf Gletschern, die ja schließlich auch gefrorene Gewässer sind, werden Höhenlinien und Spalten blau dargestellt, und auf den Schweizer Top-Karten werden sogar Hochspannungsleitungen mit einer blauen, gestrichelten Linie dargestellt – Strom fließt schließlich auch! Selbstverständlich gibt es auch hier Ausnahmen: So findet man in Seen gelegentlich zwei Zahlen, die eine blau, die andere schwarz. Des Rätsels Lösung: Die blaue Zahl gibt die Höhe des Wasserspiegels, die schwarze Zahl die Höhe des tiefsten Punktes jeweils über dem Meer an. Die Differenz ergibt die größte Wassertiefe (Abb 25).

Auf einfarbigen Karten hilft oft auch die **Beschriftung**, Flußläufe schnell zu erkennen. Die Schrift für Gewässer ist in der Regel kursiv (leicht nach rechts oder, häufiger, nach links gekippt) und hat Serifen (kleine Füßchen). Die **Fließrichtung** von Bächen und Flüssen ist entweder durch gelegentliche blaue Pfeile gekennzeichnet, oder sie ergibt sich aus dem Höhenlinienbild: Höhenlinien laufen im Tal immer flußaufwärts zusammen (siehe Höhenlinien).

▼Abb. 25: Für Seen gibt es in der Legende der deutschen amtlichen topographischen Karte 1:25.000 zwei Höhenangaben.

Vegetation

Natürlich ist Grün die Farbe der Vegetation, aber längst nicht alles was grünt und wächst wird auch grün dargestellt. Felder bekommen beispielsweise überhaupt keine Signatur, Wiesen und Weiden werden gelegentlich durch eine Punktsignatur dargestellt. Der Wald hingegen wird fast immer durch eine grüne Fläche gekennzeichnet; mit den Baumsignaturen kann man dann die Art des Waldes unterscheiden: spitze Baumsymbole stehen für Nadelwald, runde für Laubwald. Einzelstehende oder herausragende Bäume sind gelegentlich durch eine eigene Signatur dargestellt. Während gewöhnliches Ackerland wie gesagt nicht hervorgehoben wird, bekommen intensiv genutze Flächen wie Weinberge oder Hopfenanbaugebiete, aber auch Gärten und Parks oft eigene Signaturen (Abb. 26).

Gebäude und Siedlungen

Auf Karten im Maßstab 1:25.000 oder 1:50.000 sind Gebäude wenn auch nicht immer grundrißtreu, so doch zumindest noch **grundrißähnlich** darzustel-

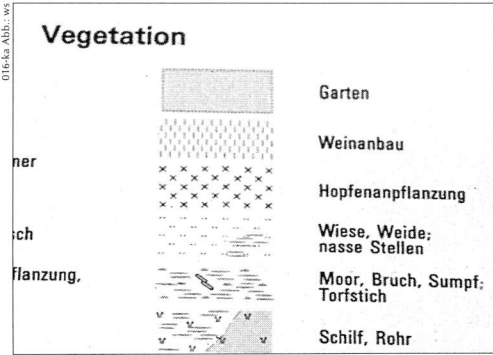

▶ *Abb. 26:*
Intensiv genutzte
Flächen bekommen eigene
Signaturen
(deutsche Top-
Karte 1:25.000).

len. Anders ausgedrückt, auch wenn nicht mehr jedes einzelne Haus korrekt wiedergegeben werden kann, so wird doch der Charakter der Bebauung deutlich: Geschlossene Bebauung, Reihenhaussiedlungen, dörfliche Strukturen oder Gewerbegebiete sind noch gut von einander zu unterscheiden (Abb. 27). Gebäude oder Flächen, die für die Orientierung hilfreich sind, bekommen eigene Signaturen, z. B. Kirchen, Türme, Hochhäuser oder Schornsteine, aber auch Sportplätze oder Friedhöfe.

Natürlich kann man sich in einer größeren Ortschaft besser mit dem Stadtplan orientieren, aber wer den Versuch macht, sich anhand einer guten Top-Karte 1:25.000 zurechtzufinden, wird erstaunt sein, wie viele Orientierungsmöglichkeiten sie bietet.

Im freien Gelände sollte man daran denken, daß bei kleiner werdendem Maßstab mehrere Häuser oft durch eine einzige Haussignatur dargestellt werden (siehe Generalisierung).

Bis etwa 1:200.000 lassen sich Siedlungen noch als Ansammlungen von Gebäuden darstellen, auch wenn in diesem Maßstab natürlich jedes kleine Kästchen bereits eine Vielzahl von Häusern repräsentiert. Bei kleineren Maßstäben werden große

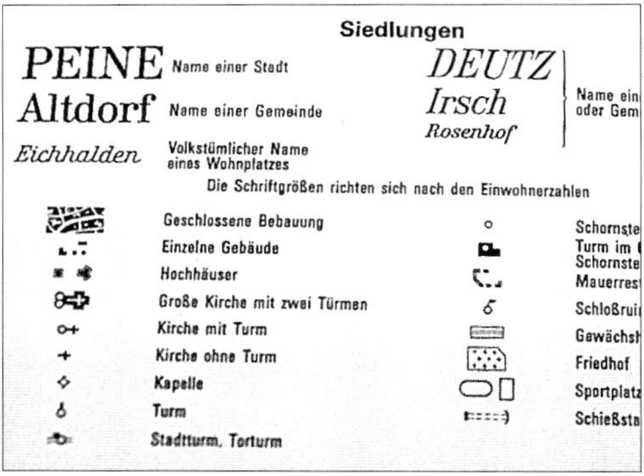

Karteninhalt

Abb. 27:
Der Bebauungscharakter wird auch in der Legende erläutert (deutsche Top-Karte 1:25.000).

43

Orte als Flächen wiedergegeben, die in etwa den Ortsgrundrissen entsprechen, kleine Orte nur noch als Punkt.

Bei Karten, die ganze Länder oder Kontinente zeigen, kann man durch verschiedene geometrische Formen (Kreis, Dreieck, Quadrat) die Orte in Größenklassen einteilen.

Verkehr

Straßen und Wege

Straßen sind natürlich auf fast jeder Karte eingezeichnet, aber bereits bei der **Abstufung** beginnen die Unterschiede: Man kann Straßen nach ihrer tatsächlichen Breite und der Anzahl der Fahrbahnen unterteilen. Man kann sie schlicht grob nach ihrer Bedeutung etwa in Haupt-, Neben- und sonstige Straßen einteilen oder aber ein „klassifiziertes Straßennetz" darstellen mit genauer Einteilung etwa in Bundes-, Land-, Kreis- und übrige Straßen, jeweils mit den dazugehörigen Straßennummern. Es gibt auch Einteilungen, die das tatsächliche Verkehrsaufkommen berücksichtigen – etwa auf Karten für Radfahrer, die sich auf diese Weise ruhige Strecken aussuchen können.

Dargestellt werden alle diese Unterteilungen zum einen durch die tatsächliche Breite auf der Karte und durch die Anzahl der **Linien** (Autobahn und mehrspurige Straßen haben oft eine dritte Linie in der Mitte), zum anderen durch die **Farbgebung.** Ein häufiges Farbschema für Straßenkarten ist dabei (mit abnehmender Bedeutung der Straße) rot/orange–gelb–weiß, jedoch sind der Phantasie der Kartenhersteller hier keine Grenzen gesetzt; es gibt also auch blaue Autobahnen oder violette Schnellstraßen. Bei amtlichen topographischen Karten gilt zunächst die Devise: Straßen sind Menschenwerk, werden also schwarz dargestellt (siehe

Exkurs Farben). Da jedoch immer mehr Menschen, deren Sehgewohnheiten durch Straßenkarten geprägt sind, Top-Karten in ihrer Freizeit nutzen, haben sich viele Hersteller darauf eingestellt und bieten zumindest einen Teil ihrer Kartenwerke mit dem gewohnten Straßen-Farbschema an. Bei Atlaskarten und anderen kleinmaßstäbigen Karten gibt es die Konvention, alle Straßen rot darzustellen, im Gegensatz zu den meist schwarzen Bahnlinien.

Noch ein Hinweis: Auf **amerikanischen Karten** und Plänen werden Nebenstraßen oft nur durch eine einzige dünne Linie dargestellt, eine Konvention, die für europäische Benutzer zwar gewöhnungsbedürftig ist, aber deswegen noch nicht auf schlechtere Karten schließen läßt. Oft zwingt die schiere Größe der Städte zu dieser Darstellung. Das gefälligere Aussehen wäre nur durch den Verzicht von kleineren Straßen zu erreichen (Abb. 28).

Neben Größe und Bedeutung einer Straße gibt es natürlich eine Vielzahl von **weiteren Informationen,** die auf einer Karte darstellbar sind, beispielsweise: Belag (Asphalt oder Schotter), Sperrung oder eingeschränkte Benutzung (in Militärgebieten oder über Pässe), oder landschaftlich schöne Strecke (oft

Karteninhalt

◀ *Abb. 28:* Los Angeles ist als Ganzes nur sinnvoll darzustellen, wenn die Straßen durch einzelne Linien repräsentiert werden (Stadtplan von RandMcNally).

durch eine die Straße begleitende grüne Linie dargestellt). Dazu kommen zahlreiche **Einzelzeichen,** die direkt mit der Straße zu tun haben, wie Brücken, Böschungen, Tunnel oder Rastplätze.

Gewundene Straßen oder Wege können verkleinerungsbedingt oft nicht grundrißtreu dargestellt werden; im Zuge der Generalisierung ersetzt dann eine Kehre auf der Karte mehrere in der Natur, also Vorsicht bei Streckenmessungen!

Wege werden auf topographischen Karten in aller Regel mit nur einer Linie dargestellt, die auch gestrichelt sein kann. Auf Sonderausgaben für Wanderer oder auf anderen Wanderkarten sind die Wanderwege natürlich deutlicher hervorgehoben, beispielsweise durch eine dicke rote Linie. Für extra ausgezeichnete Fahrradwege werden dagegen eher grüne Linien verwandt. Nachdem es auf Top-Karten zahlreiche Bedeutungen für einzelne Linien gibt, etwa Grenzen, Leitungen, Bäche oder Höhenlinien, sollte man sich im Zweifelsfall anhand der Legende genau vergewissern, mit welcher Signatur Wege dargestellt sind.

Bahnen

Auch **Eisenbahnen** werden meist durch schwarze Linien dargestellt. Zumindest auf deutschen topographischen Karten sind sie jedoch ziemlich gut von Straßen zu unterscheiden, da die Signatur immer irgendwelche querliegenden Elemente enthält, seien es Striche oder der Wechsel von schwarzen und weißen Flächen.

Nicht nur Bahnhöfe und Haltepunkte werden eingezeichnet, auch Spurweite und Gleiszahl lassen sich gegebenenfalls herauslesen.

Die **übrigen Bahnen** wie Straßenbahnen, Zahnradbahnen, Seilbahnen und auch Skilifte haben jeweils eigene Signaturen, die sich über eine gute Legende aber schnell erschließen lassen.

Weitere Verkehrs-Signaturen

Mit Straßen und Bahnen ist das Verkehrsnetz ja noch keineswegs vollständig. Dazu kommen noch **Kanäle** (siehe Gewässer), **Fähr- und Schiffslinien** (meist als gestrichelte Linien abgebildet) und natürlich auch **Flugplätze,** die auf großmaßstäbigen Karten ihrem Grundriß entsprechend, auf kleinmaßstäbigen Karten meist mit einem Flugzeugsymbol gekennzeichnet sind.

Grenzen

Von traurigen Ausnahmen wie z. B. der ehemaligen innerdeutschen Grenze abgesehen, gehören Grenzen zu den wenigen Sachverhalten, die zwar in der Karte, aber **nicht unmittelbar in der Natur** zu sehen sind. Natürlich gibt es Grenzsteine und bei wichtigen Grenzen auch Grenzübergänge, aber die Grenzlinie als solche erschließt sich normalerweise nur über die Karte.

Politische Grenzen, angefangen von der Staatsgrenze bis hin zur Gemeindegrenze, werden auf topographischen Karten meist schwarz gezeichnet. Auf kleinmaßstäbigen Karten werden Grenzen oft durch eine dünne schwarze Linie dargestellt, die den genauen Verlauf markiert, und zusätzlich durch eine dickere, farbige, aber durchscheinende Linie, die einerseits deutlich auffällt, andererseits aber keine anderen Signaturen verdeckt. Grenzen höherer Ordnung werden sinnvollerweise auffälliger gezeichnet als untergeordnete Grenzen.

Nun fallen Grenzen oft mit Objekten zusammen, die auf der Karte auch durch Linien dargestellt werden: Bäche, Straßen oder Wege. Damit z. B. eine Straße nicht verdeckt wird, wird die Grenze entlang der Straße entweder feiner oder nur gelegentlich oder abwechselnd beiderseits der Straße gezeichnet – verschiedene Lösungen für ein und dasselbe Problem.

Karteninhalt

Neben den politischen bzw. Verwaltungsgrenzen gibt es noch **andere Grenzen,** etwa Nationalparkgrenzen oder Grenzen von militärischen Sperrgebieten.

Einzelzeichen

Wie man sich denken kann, verbirgt sich dahinter alles, was sich in keine der anderen Gruppen sinnvoll einordnen läßt, sei es ein Denkmal, ein trigonometrischer Punkt (Vermessungspunkt), ein Zeltplatz oder eine Hochspannungsleitung. Auf vielen Legenden wird diese Gruppe daher auch schlicht als „Sonstiges" bezeichnet (Abb 29).

▼*Abb. 29:*
Eine gute Legende zeigt eine Vielzahl von Einzelzeichen (deutsche Top-Karte 1:25.000).

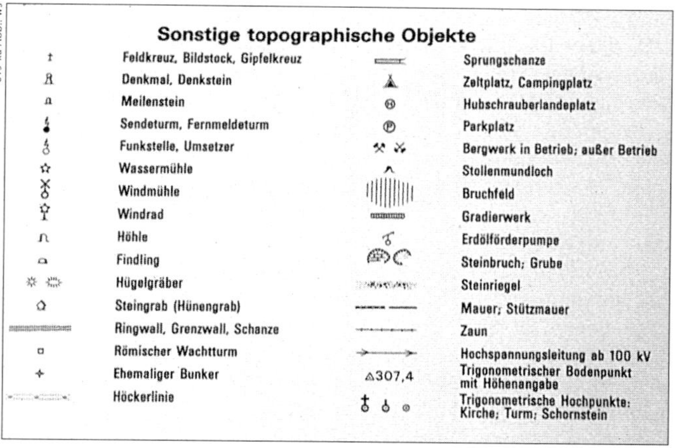

Schrift

Neben Geländedarstellung und Signaturen ist die Schrift die dritte große Komponente des Karteninhalts. Es gibt zwar Skizzen und „stumme Karten"

Sonstige topographische Objekte

†	Feldkreuz, Bildstock, Gipfelkreuz	Sprungschanze
Å	Denkmal, Denkstein	Zeltplatz, Campingplatz
⌂	Meilenstein	Hubschrauberlandeplatz
	Sendeturm, Fernmeldeturm	Parkplatz
	Funkstelle, Umsetzer	Bergwerk in Betrieb; außer Betrieb
☆	Wassermühle	Stollenmundloch
	Windmühle	Bruchfeld
	Windrad	Gradierwerk
∩	Höhle	Erdölförderpumpe
⌐	Findling	Steinbruch; Grube
	Hügelgräber	Steinriegel
⌂	Steingrab (Hünengrab)	Mauer; Stützmauer
	Ringwall, Grenzwall, Schanze	Zaun
□	Römischer Wachtturm	Hochspannungsleitung ab 100 kV
✛	Ehemaliger Bunker	△307,4 Trigonometrischer Bodenpunkt mit Höhenangabe
	Höckerlinie	Trigonometrische Hochpunkte: Kirche; Turm; Schornstein

(meist zu Übungszwecken), die ohne Schrift auskommen, doch in einer topographischen Karte ist die Schrift sowohl in ihrer Bedeutung als auch in ihrer tatsächlichen Häufigkeit kaum zu überschätzen. Ein einzelnes Blatt einer Top-Karte 1:25.000 kann mehr als 1000 Namen, Zahlen und Abkürzungen enthalten.

Namen

Die wichtigste Gruppe sind die **Eigennamen**, also Ortsnamen, Bergnamen, Gewässernamen, aber auch die Namen von einzelnen Gehöften, Flurstücken oder Sehenswürdigkeiten. Viele Eigennamen haben über die Namensfunktion hinaus auch noch eine allgemeine Bedeutung. Einige erklären sich von selbst, etwa eine „Galgenheide", andere lassen sich nur entschlüsseln, wenn man der Herkunft nachgeht. So kann man bei Namen auf „-au" davon ausgehen, daß das Wasser nicht weit ist (Mainau, Ilmenau), Orte auf „-rode", „-reut" oder „-riet" sind mit ziemlicher Sicherheit in Waldgebieten (durch „roden") entstanden. Was sich für den deutschen Sprachraum als harmlose Wortspielerei ausnimmt, kann in fremdsprachigen Gegenden durchaus weiterhelfen. So ist man auf einer Lapplandwanderung zumindest gewarnt, wenn der Landschaftsname auf „-myren" (-moor) endet.

Zu den Eigennamen kommen **Gattungsnamen** wie Raststätte, Park, Burg oder Heide. Oft sind Eigen- und Gattungsnamen kombiniert (Naturpark Altmühltal) oder bereits miteinander verschmolzen (Lüneburger Heide).

Abkürzungen

Um das Kartenbild nicht zu sehr zu belasten, werden Gattungsnamen und häufig vorkommende Ortsnamensteile zum Teil als Abkürzungen geschrieben. Aus Wirtshaus wird Whs., aus Petershausen wird Petershsn. Einige Abkürzungen kann man durchaus als **Teil der Signatur** sehen, denn erst die Abkürzung entscheidet unter Umständen, ob das kleine schwarze Rechteck eine Hütte (H.) oder ein Schloß (Schl.) ist. Solche Abkürzungen sollten natürlich unbedingt in der Legende erläutert sein (Abb. 30).

Zahlen

Zahlen gibt es auf so ziemlich jeder Karte, doch je nach Kartentyp liegt der Schwerpunkt für die Verwendung von Zahlen anders: Bei topographischen Karten ist es die **Höhendarstellung** (siehe Kapitel Geländedarstellung), bei Straßenkarten sind es **Entfernungsangaben** und **Straßennummern**, bei Stadtplänen sind es möglicherweise **Hausnummern.** Natürlich gibt es umgekehrt Höhenangaben auf Straßenkarten, Straßennummern auf Top-Karten und einige andere Informationen, die durch Zahlen ausgedrückt werden, beispielsweise auch Nummern von Grenzsteinen, Autobahnausfahrten, Stadtbezirken oder Buslinien.

Dazu kommen, meist am Rande oder außerhalb des Kartenfeldes, Zahlen zur Angabe von **Koordinaten** (siehe Kapitel Kartenrand und Kartenrahmen).

▶ **Abb. 30:** Erst die Abkürzungen machen die Signaturen komplett (deutsche Top-Karte 1:25.000)

Abkürzungen

Hp	Haltepunkt	...qu, Qu	Quelle
Hst	Haltestelle	röm.	römisch
Hbf	Hauptbahnhof	R.	Ruine
...hs, Hs	Haus	...schl,Schl	Schloß
...h, H	Hütte	...s, S	See
JH	Jugendherberge	StoÜbPl	Standortübungsplatz
...kp, Kp	Kapelle	...str, Str	Straße
Kläranl	Kläranlage	...t, T	Teich
Krhs	Krankenhaus	TrÜbPl	Truppenübungsplatz
KD	Kulturgeschichtl. Denkmal	...t, T	Turm
...m, M	Mühle	UW	Umspannwerk
ND	Naturdenkmal	Wbh	Wasserbehälter
NSG	Naturschutzgebiet	Wf	Wasserfall
PF	Personenfähre	WT	Wasserturm
PW	Pumpwerk	WW	Wasserwerk
		...whr,Whr	Weiher

Schriftform

Bei der Kartenherstellung wählt der Kartograph die Schriftform nicht willkürlich oder rein nach ästhetischen Gesichtspunkten aus. Er folgt dabei Regeln und Konventionen:

Zunächst soll die Schrift natürlich neben all den Signaturen **gut lesbar** sein; eine allzu verschnörkelte Schrift kommt also gewiß nicht in Frage.

Auf den meisten Karten gibt es nicht nur eine **Schriftart,** sondern mehrere. Dabei wird je nach Art der Objekte eine bestimmt Schriftart verwendet. Berge werden also vielleicht mit einer anderen Schrift geschrieben als Orte, Straßennummern wieder in einer anderen Schrift.

Auch der **Schriftschnitt** und die **Stellung der Schrift** wird sorgfältig ausgewählt. So gibt es beispielsweise eine weit verbreitete Konvention, selbständige Orte mit einer aufrechtstehenden Schrift, Ortsteile aber mit einer nach rechts schrägliegenden Schrift (Kursivschrift) zu bezeichnen. Die Schrift für Gewässer ist dagegen oft nach links geneigt.

Ganz klar, daß auch die **Schriftgröße** eine Bedeutung hat: Wichtigeres oder Größeres größer, Unbedeutenderes oder Kleineres kleiner. Auch hier sind der Differenzierung durch die Schrift kaum Grenzen gesetzt. So kann man beispielsweise Orte je nach Einwohnerzahl mit einer anderen Schriftgröße versehen, die politische Bedeutung durch verschiedene **Unterstreichungen** kenntlich machen und die touristische Bedeutung durch ein **Kästchen** (wahlweise Sternchen, Fähnchen ...) hervorheben.

Zuletzt ein Hinweis auf ein weiteres „Kunststück" der Schrift: Allein durch die **Lage der Schrift** kann man den Verlauf etwa eines Tales oder eines Höhenrückens verdeutlichen oder in einer einfachen Karte, in der eine eigene Geländedarstellung fehlt, den ungefähren Verlauf mit der Schrift darstellen.

Karteninhalt

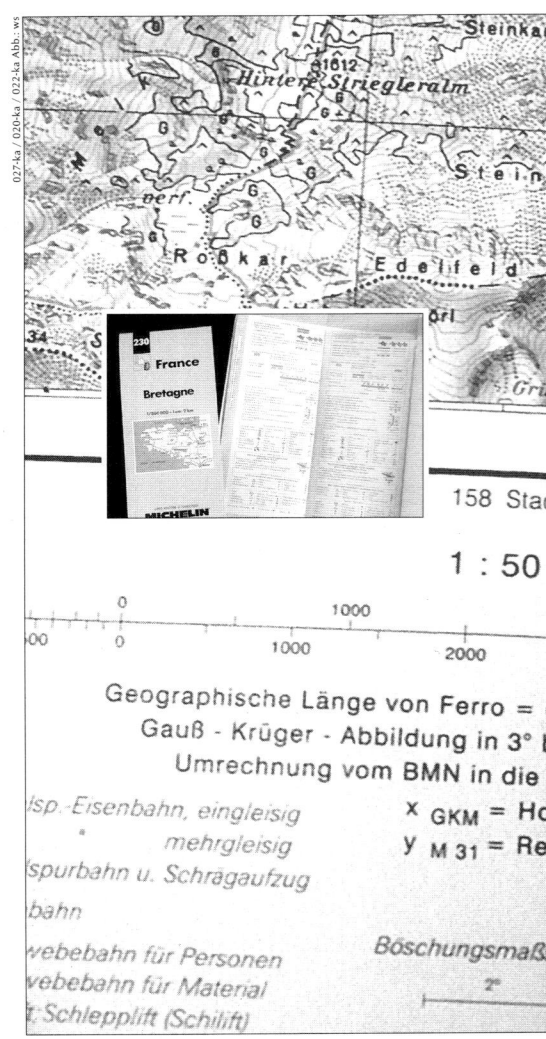

Kartenrand und Kartenrahmen

der Mur - BMN 5705

0 (1 cm ≙ 500 m)

```
                    3000                        4000
       3000                  4000                       5000
                                                              5000 m
                                               6000 Schritte
```

graphische Länge von Greenwich +17°40'00"
en Meridianstreifen : M 28, M 31 und M 34
ß - Krüger - Meridianstreifenabbildung:
vert BMN
swert BMN - 450 km

für 20 m Höhenschichtlinien

Einzelsteher

Gärten

Wald mit S...
Kampfwald

Formaler Kartenaufbau

◄ ◄ Abb. 31:
Drei von unzähligen Möglichkeiten, den Kartenrand zu gestalten: eine amtl. österr. Karte (großes Foto), eine Michelin-Straßenkarte (links) und eine Länderkarte der kanadischen Firma ITM

An dieser Stelle sei kurz der formale Aufbau einer Karte skizziert, schließlich breitet sich der Karteninhalt in den seltensten Fällen ungehindert über das gesamte Kartenblatt aus, sondern ist meist fein säuberlich gerahmt und mit zusätzlichen Erläuterungen versehen (Abb 32).

Die Fläche, die der Karteninhalt einnimmt, wird korrekterweise als **Kartenfeld,** oft aber einfach nur als Karte bezeichnet.

Er wird begrenzt durch den **Kartenrahmen,** der oft zwischen den einzelnen Rahmenlinien zahlreiche Informationen liefert.

Über den Karteninhalt breitet sich ggf. ein **Kartennetz** bzw. **Kartengitter** oder sogar mehrere, oft sind diese Netze aber auch nur im Kartenrahmen angedeutet.

Den Rest des Kartenblattes bildet der **Kartenrand,** auf dem meist nicht nur die Legende sondern viele weitere Erläuterungen, die sogenannten Kartenrandangaben stehen (siehe Abb 31).

Es gibt also fast immer einen Unterschied zwischen dem **Kartenformat** (entspricht dem Kartenfeld) und dem Papierformat.

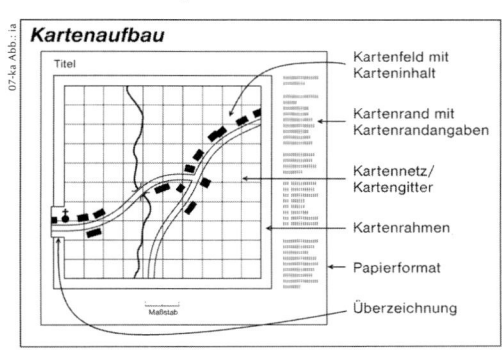

▶ Abb. 32:
Schematischer Aufbau einer Karte

Inselkarten der DDR

Inselkarten der DDR? Klar, das sind Karten von Rügen, Usedom oder Hiddensee. Oder etwa nicht?

Es gab in der DDR auch noch andere Inselkarten. Für den Kartographen sind Inselkarten in erster Linie nicht Karten von Inseln, sondern Karten, die ein bestimmtes Gebiet darstellen, ohne seine Umgebung mit abzubilden. Das Kartenfeld ist also kein Rechteck, sondern hat genau die Form des dargestellten Gebietes. Dieses wird dargestellt, als sei es eine Insel - daher der Name. Während diese Form der Darstellung früher gang und gäbe war, findet man sie heute immer seltener.

Und die DDR? Die hatte eine lange Grenze zu Westdeutschland, und da auf den ansonsten äußerst präzisen topographischen Karten das Ausland nicht dargestellt wurde, erstreckte sich die „Küste" der DDR nicht nur entlang der Ostsee, sondern auch entlang der Westgrenze …

Doch bevor man nun vorschnell auf die damalige ostdeutsche Obrigkeit schimpft, sollte man einmal amtliche Karten von anderen Grenzgebieten unter die Lupe nehmen: So findet man beispielsweise in Bayern für das bayerisch-österreichische oder in Frankreich für das französisch-spanische Grenzgebiet topographische Karten 1:25.000, die zwar das Nachbarland darstellen, jedoch in deutlich schlechterer Qualität. Hier liegen nur Karten im Maßstab 1:50.000 vor, und diese werden einfach auf den größeren Maßstab „aufgeblasen" - auch so eine Art Inselkarten.

Rand und Rahmen

Kartenrahmen

Eine topographische Karte bildet ja immer nur einen Teil der Erdoberfläche ab, und daher stellt sich am Kartenfeldrand die Frage: Wie gehts weiter? Hier helfen die **Anschlußhinweise** im Kartenrahmen. An wichtigen Straßen und Eisenbahnlinien, die am Kartenrahmen enden, steht beispielsweise der nächste wichtige Ort bzw. Bahnhof mit einer Entfernungsangabe in Kilometern. Bei kleineren Straßen steht gelegentlich die Straßennummer im Rahmen.

Namen, die ein Gebiet bezeichnen, das nur zum Teil auf der Karte zu sehen ist, werden im Kartenrahmen angefangen oder zuende geschrieben. Auf der Karte Mittenwald ist beispielsweise nur das westliche Ende des Karwendelgebirges zu sehen. Also steht im Kartenfeld quer über den Gebirgsausläufer nur „Kar" und im Kartenrahmen dann in ganz eng laufender Schrift „wendelgebirge".

Wenn etwas sehr Wichtiges ganz knapp nicht mehr auf die Karte passt, kann es sein, das der ansonsten gerade begrenzte Karteninhalt an dieser Stelle in den Kartenrahmen hineinläuft. So eine Ausnahme, genannt **Überzeichnung,** wird beispielsweise gemacht, um den letzten kleinen Zipfel eines

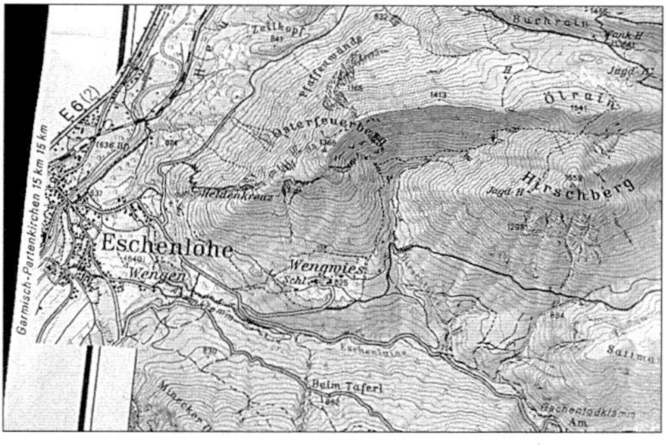

Abb. 34: Auf dieser Karte des bayerischen Landesvermessungsamtes gibt es eine Überzeichnung, um den Ort Eschenlohe noch darstellen zu können.

Landes noch auf die Karte zu bekommen (Abb. 34).

Falls es sich bei der Karte um ein Blatt eines Kartenwerkes handelt, werden im Kartenrahmen die **Anschlußblätter** genannt.

Im Rahmen oder am Rande des Kartenfeldes stehen die Buchstaben und Zahlen des **Suchgitters** und/oder die **Koordinatenwerte** (siehe folgendes Kapitel Koordinaten).

Koordinaten

Suchgitter

Da auf einer Karte so viele Ortsangaben gemacht werden, daß man sie unmöglich auf einmal überblicken kann, muß man das Kartenfeld in kleine überschaubare Einheiten aufteilen. Diese Aufgabe erfüllt ein Suchgitter. Man sucht im Straßenverzeichnis etwa die Kurfürstenstraße, dahinter steht eine Kombination aus Buchstabe und Zahl. Im Kartenrahmen oder am Rand des Kartenfeldes findet man von links nach rechts die Buchstaben, von oben nach unten die Zahlen und im Schnittpunkt von Zeile und Spalte dann das gesuchte **Planqua-**

Rand und Rahmen

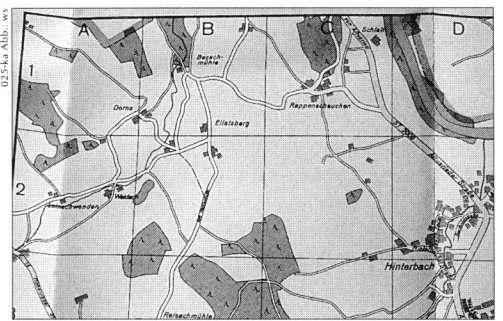

◀ *Abb. 35: Dieser Stadtplan von Kempten aus dem Städte-Verlag zeigt ein typisches Suchgitter: Die Zeilen sind mit Zahlen, die Spalten mit Buchstaben gekennzeichnet.*

drat, begrenzt von den Gitterlinien (Abb 35). Irgendwo in diesem Planquadrat liegt die gesuchte Kurfürstenstraße. Ein solches oder ähnliches Suchgitter läßt sich auch für eine Landkarte benutzen, man muß dann nur das Straßen- durch ein Ortsverzeichnis ersetzen.

Geographische Koordinaten

Nun befinden sich aber im Kartenrahmen einer topographischen Karte und vieler anderer Karten weit mehr Zahlen als die eines einfachen Suchgitters. Muß das denn sein? Zudem gibt es zu den meisten Wanderkarten noch nicht einmal ein Ortsverzeichnis. Um es gleich vorweg zu sagen, wer sich nur nach seiner Karte orientieren möchte und keine weiteren Hilfsmittel wie Kompaß oder GPS-Gerät einsetzt – und das sind sicher weit mehr als 90% aller Kartenbenutzer – kann all die Zahlen einfach ignorieren. Dennoch erfüllen diese natürlich einen Zweck, und der wird im Folgenden erklärt.

Ein Suchgitter hat zwei Nachteile: Zum einen definiert es nur Planquadrate und nicht Punkte, ermöglicht also nur ungefähre und keine exakten Ortsbestimmungen; zum anderen ist es nicht allgemeingültig, sondern gilt nur für eine bestimmte Karte. Wenn ich jemandem mitteile, die Kurfürstenstraße liege im Planquadrat M5, muß er genau den gleichen Stadtplan haben, um damit etwas anfangen zu können. Aus diesen Nachteilen ergeben sich umgekehrt die Ansprüche an ein Koordinatensystem: Mit ihm müssen Punkte auf der Erdoberfläche exakt und allgemeingültig zu bestimmen sein. Diese Ansprüche erfüllt das **geographische Koordinatensystem**, in dem ein bestimmter Punkt durch zwei Koordinaten unmißverständlich bestimmt ist. (Das Prinzip ist im Kapitel „Spalten und Scheiben" weiter unten beschrieben.)

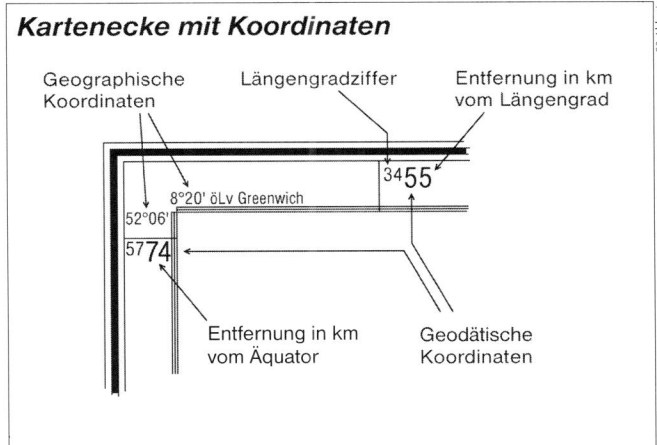

Kartenecke mit Koordinaten

Geographische Koordinaten — Längengradziffer — Entfernung in km vom Längengrad

8°20' öLv Greenwich

52°06'

³⁴55

5774

Entfernung in km vom Äquator — Geodätische Koordinaten

09 Abb.: ia

Rand und Rahmen

Die **geographische Breite** gibt den Wert nördlich oder südlich des Äquators, die **geographische Länge** den Wert östlich (öLv) oder westlich (wLv) des Nullmeridians von Greenwich an. Die Maßeinheit ist das (Winkel-) Grad (°), aufgeteilt in 60 Minuten (') und diese wiederum in 60 Sekunden ("). Abb. 36 zeigt die linke obere Ecke einer deutschen topographischen Karte 1:25.000, in der solche geographischen Koordinaten angegeben sind: 8°20' öLv Greenwich und 52°06'.

Etwas ausführlicher bedeutet das, der rechte Kartenfeldrand liegt genau 8 Grad und 20 Minuten östlich des Nullmeridians von Greenwich, der untere Kartenfeldrand liegt 52 Grad und 6 Minuten nördlich des Äquators. Der Äquator als Bezugslinie ist universal gültig, daher wird er nicht explizit erwähnt; ebenso fehlt die Angabe „nördlich", da diese für Deutschland auch als selbstverständlich vorausgesetzt wird.

▲ Abb. 36: Die Entschlüsselung der Koordinaten ist nicht ganz einfach, meist aber auch nicht

Spalten und Scheiben –
das geographische Koordinatensystem

Das geographische Koordinatensystem läßt sich bis auf die Griechen des Altertums zurückführen. Es überzieht die ganze Erdkugel mit einem gedachten Gitternetz. Dabei wird zunächst die Erde wie eine riesige Apfelsine in 360 gleiche Spalten geteilt. Jede Spalte läuft von einem Pol zum andern, also in Nord-Süd-Richtung, und hat am Äquator ihre dickste Stelle. Die Dicke der Spalten entspricht dem 360stel eines Kreises und wird daher als ein Grad (1°) bezeichnet. In einem zweiten Schritt wird die Apfelsine quer zu den Spalten in Scheiben geschnitten, je 90 vom Äquator zum Nordpol und vom Äquator zum Südpol. Zählt man jetzt vom Äquator zum Nordpol, auf der gegenüberliegenden Seite wieder zum Äquator, weiter zum Südpol und wieder zurück zum Ausgangspunkt (einmal rund um die Apfelsine), kommt man auf 4x90 = 360 Schnitte. Wieder ist der Kreis in 360 Teile geteilt, ein Teil ist also wieder genau ein Grad (1°). Die Grade, die von Ost nach West angeordnet sind (die Dicke der senkrechten Spalten) werden **Längengrade** genannt; die von Nord nach Süd angeordneten (die Dicke der waagrecht liegenden Scheiben) **Breitengrade** (Abb37). Diese Bezeichnungen dienen allein der Unterscheidung und lassen sich nur historisch verstehen: Das Mittelmeer als Handelsraum der Griechen erstreckt sich in der Länge von Ost nach West und in der Breite von Nord nach Süd.

Längen- und Breitengrade unterscheiden sich also nicht nur in der Ausrichtung, sondern auch in der Anordnung: Längengrade laufen in den Polen zusammen, der Abstand von einem zum nächsten schrumpft vom Äquator (ca. 111 km) bis zu den Polen (0 km). Breitengrade laufen immer im Abstand von rund 111 km parallel zueinander und werden daher auch **Parallelkreise** genannt. Längengrade

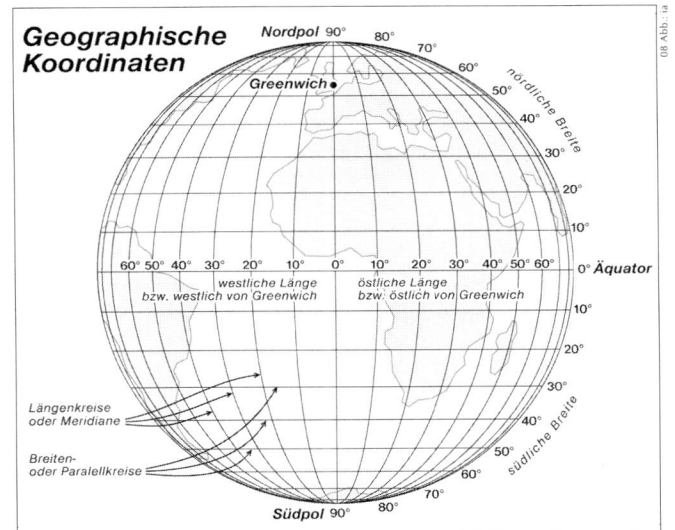

Geographische Koordinaten

Nordpol 90° 80° 70° 60° 50° 40° 30° 20° 10°

Greenwich

nördliche Breite

60° 50° 40° 30° 20° 10° 0° 10° 20° 30° 40° 50° 60° 0° Äquator

westliche Länge
bzw. westlich von Greenwich

östliche Länge
bzw. östlich von Greenwich

10° 20° 30° 40° 50° 60° 70° 80°

südliche Breite

Längenkreise
oder Meridiane

Breiten-
oder Parallelkreise

Südpol 90°

08 Abb. ia

weisen immer nach Süden, also in die Richtung, in der die Sonne Mittags steht, daher werden Sie auch **Meridiane** (lat. für „Mittagslinien") genannt.

Die Zählung der Breitenkreise ist eindeutig, sie fängt, wie gesagt, am Äquator an und zählt zu den Polen hin. Aber wo soll man mit der Zählung der Längengrade anfangen? Nachdem viele Länder bis ins 19. Jh. jeweils einen eigenen Anfangslängengrad, den sogenannten **Nullmeridian,** hatten, einigte man sich 1884 auf den Nullmeridian, der durch die Sternwarte von Greenwich östlich von London verläuft. Von diesem wird heute nach Osten und nach Westen jeweils bis 180 gezählt.

Damit sind für jeden Punkt auf der Erde allgemeingültige Koordinaten anzugeben. So liegt Köln beispielsweise bei knapp 7° östlicher Länge von Greenwich und knapp 51° nördlicher Breite (vom

▲ **Abb. 37:** *Mit dem Gitternetz der geographischen Koordinaten kann jeder Punkt der Erde genau definiert werden.*

Rand und Rahmen

61

Äquator). Natürlich ist das noch nicht sehr genau, also wird das Grad genau wie eine Stunde **in Minuten und Sekunden geteilt.** Ein Grad sind also sechzig Minuten (60'), eine Minute sind sechzig Sekunden (60''). Damit kann man jeden Ort auf der Erde auf rund 30 Meter genau angeben. Der Kölner Dom (Südturm) hat damit folgende Ortsangabe: 6°57'28'' östlicher Länge, 50°56'32'' nördlicher Breite. Natürlich findet man den Kölner Dom auch ohne Koordinaten; für ein Wasserloch in der Wüste oder auch nur für eine gemütliche Hütte in Lappland sind diese Angaben aber sehr hilfreich.

Geodätische Koordinatensysteme

In der gleichen Ecke des Kartenfeldes (Abb. 36) sind aber noch weitere Zahlen zu sehen, am linken Rand die 5774, oben die 3455. Sie gehören zu einem geodätischen Koordinatensystem, in diesem Fall zum sogenannten **Gauß-Krüger-System.**

Wieder gibt ein Wert die Position nördlich oder südlich des Äquators an, der andere die Lage östlich oder westlich des Nullmeridians von Greenwich. Der **Hochwert** gibt dabei ganz einfach die Entfernung vom Äquator in Kilometern an, die obere linke Kartenfeldecke der Abbildung liegt also etwas mehr als 5774 Kilometer nördlich des Äquators.

Der sogenannte **Rechtswert** ist komplizierter aufzuschlüsseln: Die erste Ziffer bezeichnet einen Längengrad (in diesem Fall den 9. östlich v. Greenwich; nur jeder dritte Längengrad erhält eine eigene Ziffer), die restlichen drei Ziffern geben die Entfernung von diesem Längengrad wieder in Kilometern an, wobei der Längengrad selbst den Wert 500 Kilometer erhält, um Minuswerte zu vermeiden. Die Kartenfeldecke liegt also etwas mehr als (500 minus 455 =) 45 Kilometer westlich des 9. Längengrades.

Andere geodätische Koordinatensysteme arbeiten mit anderen Bezugspunkten und -linien, aber nach dem gleichen Grundprinzip. Beim **UTM-System** wird mit 6° breiten, also doppelt so breiten Meridianstreifen (sogenannten **Zonen**) gearbeitet, die beginnend beim 177. westlichen Längengrad nach Osten durchnumeriert werden. Deutschland liegt damit in der 32. und 33. Zone. Diese Zonen werden von Süd nach Nord in **Felder** unterteilt und mit Großbuchstaben durchgezählt. Deutschland liegt überwiegend im Feld U. Innerhalb der Felder geben die Koordinaten auch hier wieder die Entfernung vom Äquator bzw. vom Mittelmeridian an.

Auf Karten mit dem UTM-Gitter, beispielsweise den deutschen **Militärkarten** werden die Felder (also beispielsweise 32U) zusätzlich unterteilt in Quadrate mit 100 km Seitenlänge, diese wiederum mit einer Kombination von zwei Buchstaben versehen ... ein reichlich kompliziertes Verfahren, so daß ich die Erläuterung getrost den Militärausbildern überlasse.

Einige Karten benutzen gar **drei verschiedene Koordinatensysteme.** So zeigen die schwedischen topographischen Karten neben dem geographischen System ein nationales geodätisches System und das internationale geodätische UTM-System.

Die Positionsbestimmung mit geodätischen Koordinaten scheint sehr kompliziert, hat aber gegenüber dem geographischen System entscheidende Vorteile: zum einen lassen sich **korrekte Entfernungen** (Luftlinie) direkt in Metern bzw. Kilometern messen, zum anderen schneiden sich die Linien der Rechts- und Hochwerte immer im rechten Winkel, man kann also direkt auf der Karte **Winkelmessungen** vornehmen – wichtig für die Kompaßarbeit.

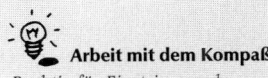

Arbeit mit dem Kompaß

Buchtip für Einsteiger und Fortgeschrittene: Rainer Höh: Orientierung mit Kompaß und GPS, Reise Know-How Verlag Peter Rump GmbH, ISBN 3-89416-755-6

Rand und Rahmen

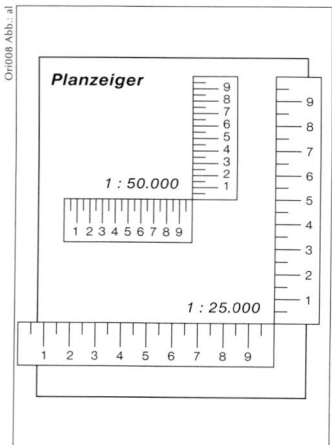

Ori008 Abb.: al

Planzeiger

1 : 50.000

1 : 25.000

▲ *Abb. 38: Mit so einem Planzeiger (schematische Darstellung) lassen sich Positionen bequem bestimmen.*

Der Kartenbenutzer, der ohne Kompaß auskommt – wie gesagt, die Mehrheit – kann die geodätischen Koordinaten dennoch nutzen. Nicht nur, um einen Punkt festzulegen, sondern auch, indem er gleiche Werte von einem Rand zum anderen mit dem Lineal durch einen dünnen Strich miteinander verbindet und sich so ein **Kilometer-Gitter** über die Karte legt. Oft sind die Kreuzungspunkte dieser Linien bereits vorgegeben. Auf einigen Karten sind die Kilometerlinien auch gleich eingezeichnet, beispielsweise auf den Schweizer topographischen Karten.

Durch Anfügen von weiteren drei Stellen kann man aus den Rechts- und Hochwerten **metergenaue allgemein gültige Positionsangaben** machen – wichtig für satellitengestützte Orientierungshilfen wie Auto-Navigationssysteme oder GPS, aber auch für die Arbeit der Rettungsdienste. So genau wird es der normalsterbliche Kartenleser nicht brauchen, schließlich entspricht ein Meter auf einer Karte 1:25.000 nur 0,04 mm! Mit einem guten Lineal kann man aber problemlos halbe Millimeter messen und erreicht damit beim Maßstab 1:25.000 immerhin eine Genauigkeit von 12,5 Metern. Bequemer kann man mit einem **Koordinatenmesser** oder **Planzeiger** messen (Abb. 38). Auf einer Plastikfolie oder einer dünnen Plexiglasscheibe sind hier im rechten Winkel für verschiedene Maßstäbe Skalen abgebildet, die einem Abmessung und Umrechnung erleichtern. Auch auf einigen Linealkompassen sind solche Skalen abgebildet – man hat mit ihnen also gleichzeitig einen Planzeiger.

Mercator und die Folgen –
Geodätische Koordinatensysteme

Um das Prinzip dieser Koordinatensysteme zu verstehen, ist ein kleiner Abstecher zum Thema **Kartennetzentwürfe** bzw. **Kartenprojektionen** notwendig. Das geographische Koordinatensystem ist zwar universell gültig und auch ausreichend genau, es hat aber einen entscheidenden Nachteil: Es bezieht sich auf die Erdkugel, also auf ein dreidimensionales gekrümmtes Gebilde – die Karte aber ist flach.

Nun ist es aber ein Gesetz der Geometrie, daß sich eine Kugeloberfläche oder auch nur Teile davon nicht verzerrungsfrei auf eine Ebene abbilden (projizieren) lassen. Entweder ist sie **winkeltreu,** d. h. beispielsweise ein rechter Winkel auf der Erdkugel wird auch auf der Karte als solcher abgebildet, dann kann sie nicht flächentreu sein. Oder sie ist **flächentreu,** d. h. gleich große Flächen auf der Erdkugel sind auch auf der Karte gleich groß dargestellt, dann kann sie nicht winkeltreu sein. **Längentreue** nach allen Richtungen gleichzeitig ist natürlich auch ausgeschlossen, d. h. beliebige gleich lange Strecken auf der Erdkugel sind auf der Karte nicht gleich lang. Ja, kann man sich dann auf gar nichts mehr verlassen?

In der Tat sind alle Landkarten schon von der Projektion auf die Ebene her nur Annäherungen an die Wirklichkeit. Die Projektion kann aber umso besser gelingen, je kleiner (und damit weniger gekrümmt) das abgebildete Stück der Erdoberfläche ist; und genau da setzen die ↗geodätischen Abbildungen an.

Doch zunächst zurück zur Darstellung der gesamten Erde. Wenn man den Begriff Projektion wörtlich nimmt, kann man sich vorstellen, daß eine gläserne Erdkugel, von innen beleuchtet, die Umrisse der Kontinente auf ein Papier wirft, welches an die Kugel gehalten wird. Je nach der Position der

Geodäsie

ist die Wissenschaft von der Erdvermessung und beschäftigt sich aus geographischer Sicht immer nur mit kleineren Räumen, da damit die Verzerrung in Grenzen gehalten werden kann.

Rand und Rahmen

▶ **Abb. 39:**
*Aus den drei
Grundformen
der Projektions-
prinzipien lassen
sich unzählige
andere ableiten.*

Lichtquelle und der Art, wie das Papier gekrümmt wird, erhält man verschiedene Projektionen. So kann man das Papier flach an die Kugel legen (**Azimutalprojektion**) oder wie ein Hütchen (**Kegelprojektion**) oder einen Zylinder (**Zylinderprojektion**) um die Kugel legen und später zur Ebene abrollen (Abb. 39).

Im Folgenden geht es nur um eine bestimmte Zylinderprojektion, die der Kartograph **Gerhard Mercator** 1569 für seine Weltkarte für Seefahrer entwickelte. Man kann sich dabei in etwa eine Erdkugel vorstellen, die aus dem Erdmittelpunkt beleuchtet wird und die Umrisse der Kontinente auf einen Zylinder wirft, der um den Äquator der Erde gelegt ist. Die Gebiete in Äquatornähe werden korrekt abgebildet. Je weiter Richtung Pol projiziert wird, desto länger werden die Schatten, desto stärker werden also die Umrisse vergrößert. Die Pole selbst sind nicht darzustellen, sie würden erst im Unendlichen auf den Zylinder projiziert werden. Mercator war sich dieser gewaltigen Verzerrungen sehr wohl bewußt, ihm ging es um anderes. Bei seiner winkeltreuen Projektion sind Längen- und Breitenkreise gerade, sich rechtwinklig schneidende Linien, und auch Linien, die Längen- und Breitenkreise in einem bestimmten Winkel schneiden (sogenannte **Loxodrome,** beispielsweise Schiffskurse), werden als Gerade abgebildet – ein unschätzbarer Vorteil für die Seefahrer seiner Zeit.

Fatalerweise wurde die **Mercatorprojektion für Weltkarten** trotz ihrer Verzerrungen so populär, daß sie bis heute überall Verwendung findet (Abb.40). Es sind die Karten etwa in Zeitungen, aber auch in wissenschaftlichen Werken, auf denen Grönland (knapp 2,2 Mio. km^2) etwa genau so groß dargestellt ist wie Afrika (30,2 Mio. km^2)!

Doch die Mercatorprojektion machte noch eine zweite Karriere: In Äquatornähe, also dort, wo der Zylinder an der Erdkugel anlag, war ja die

Projektionen (Kartennetzentwürfe)

Projektionsprinzip **Mögliches Netzlinien-bild auf der Karte**

Azimutalprojektion
auf eine berührende Ebene

Zylinderprojektion
auf einen berühren-den Zylinder, der dann abgerollt wird

Konische Projektion
auf einen berührenden Kegel, der dann abgerollt wird

Rand und Rahmen

10 Abb. ia

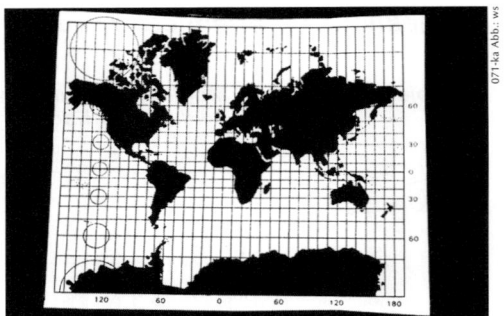

▶ **Abb. 40:** *Auf dieser Mercator-karte wird die Flächenverzerrung deutlich: Die Kreise am linken Bildrand bedecken jeweils eine gleich große Fläche der Erdkugel*

Flächenverzerrung extrem gering, winkeltreu war die Karte sowieso; man hatte also fast schon die ideale Karte: winkeltreu, (fast) flächentreu und längentreu, mit rechtwinklig-ebenen Koordinaten. Es kam nun noch darauf an, nur Gebiete abzubilden, die möglichst nah an der Berührungslinie von Kugel und Zylinder liegen. Da aber gleichzeitig ein weltweit gültiges Koordinatensysteme entstehen sollte, kam man auf die Idee, eine **Vielzahl von Abbildungszylindern** nach einem festen System an die Erdkugel zu legen.

Der Mathematiker Carl Friedrich Gauß entwickelte so ein System, indem er den Zylinder quer zur Erdachse um die Kugel legte, so daß die Berührungslinie nicht mehr am Äquator sondern entlang eines Längengrades verlief. Gebiete links und rechts dieses Berührungslängengrades oder Hauptmeridians werden mit einem Zylinder abgebildet, für weiter entfernt liegende Gebiete wird der Zylinder neu angelegt, mit einem weiteren Meridian als Berührungslinie (Abb. 41). Das von einem Herrn Krüger vervollständigte Gaußsche System wird bis heute unter der Bezeichnung **Gauß-Krüger-Koordinaten** für die zivilen deutschen Top-Karten verwendet. Jeder dritte Längengrad ist Hauptmeridian eines Abbildungszy-

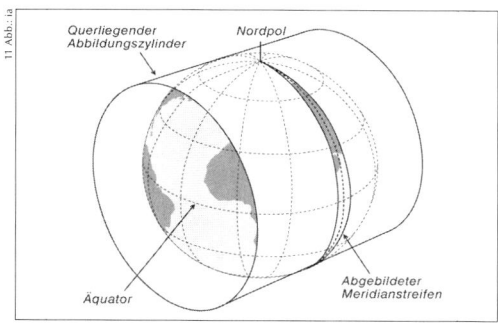

Querliegender Abbildungszylinder

Nordpol

Äquator

Abgebildeter Meridianstreifen

*◄ **Abb. 41:** Das Prinzip der Transversalen Mercatorprojektion*

Rand und Rahmen

linders, die Hauptmeridiane werden einfach vom Greenwicher Nullmeridian nach Osten durchgezählt. Die so entstehenden **Meridianstreifen** sind in Deutschland rund 200 Kilometer breit. An den Grenzen zum nächsten Streifen ist die Verzerrung am größten, sie beträgt aber trotzdem nur rund 12 cm auf einen Kilometer, ist also zu vernachlässigen.

Ein anderes weltweit verbreitetes geodätisches Koordinatensystem ist das **UTM-System.** Schon die Entschlüsselung der Abkürzung zeigt, daß es nach dem selben Prinzip arbeitet: Universal Transversal Mercatorprojection, übersetzt: universale (weltweit gültige) transversale (querliegende) Mercatorprojektion.

Die Erde: eine Kugel, ein Rotationsellipsoid oder gar ein Geoid? – alles eine Frage der Bezugsfläche

Daß die Erde keine Scheibe sondern annähernd eine Kugel ist, ist allgemein akzeptiert. Die Kugel ist also die Grundlage – oder Bezugsfläche – für **geographische Kartenprojektionen,** wie sie für kleinmaßstäbige Karten, also Länder- Erdteil- oder Weltkarten, verwendet werden.

Doch wieso nur annähernd eine Kugel? Überlegungen von *Newton* im 17. Jh., die viel später durch Messungen bestätigt wurden, führten zu der Feststellung, daß die Erde an den Polen abgeplattet ist, also eine elliptische Form hat. Und da die Abplattung durch die Erddrehung (Rotation) bewirkt wurde, nannte man den neu vermessenen Erdkörper Rotationsellipsoid. Die Abweichung von der Kugelgestalt beträgt zwar mehr als 20 Kilometer (Unterschied zwischen dem Durchmesser am Äquator und an den Polen), aber verglichen mit dem Kugeldurchmesser von rund 6370 Kilometern sind das gerade mal gute 0,3 %. Trotzdem genug, um die Kugel als zu ungenau für die Lagevermessung einzustufen. **Geodätische Kartennetzentwürfe,** wie sie für topographische Karten verwendet werden, arbeiten daher mit dem Rotationsellipsoid als Bezugsfläche.

Und was ist mit dem Geoid? Gehts denn noch genauer? Ja, es geht. Auch das Ellipsoid ist nur eine Annäherung an den Erdkörper, dieser ist schlicht unregelmäßig geformt – und damit sind nicht etwa Berge oder Meerestiefen gemeint, die kommen sowieso noch dazu. Wenn man sich die ruhige Meeresoberfläche unter den Kontinenten fortgesetzt denkt, erhält man bereits einen unregelmäßigen Erdkörper – und der bekam den schönen Namen Geoid (zu deutsch „erdförmig"). Da sich Höhenfestlegungen auf Karten immer auf einen Meerespegel beziehen (siehe Geländedarstellung), ist dieses Geoid natürlich die geeignete Bezugsfläche für alle **Höhenangaben.**

Da die satellitengestütze Orientierung (GPS, Autopiloten) auch für die Lagevermessung mehr Präzision ermöglicht und erfordert , wird sich das Geoid wahrscheinlich in naher Zukunft auch als Bezugsfläche für die geodätischen Kartennetzentwürfe durchsetzen, und zwar in seiner standardisierten Form als **WGS 84 (World Geodetic System 1984).**

Kartenrand

Wo endet der Kartenrand?

Rein formal bildet der Kartenrand den Rest des Kartenblattes, rund um Kartenfeld und Kartenrahmen. Jedes Kartenblatt hat aber eine **Rückseite,** manche Karten haben ein **Deckblatt,** und zu einigen gehört sogar ein **Beiheft** – alles Möglichkeiten, noch Informationen unterzubringen. Inhaltlich kann man diese Informationen zu den **Kartenrandangaben** zählen, daher werden sie in diesem Kapitel mitbehandelt.

Kartentitel

Der Name einer Karte besteht zumeist aus mehreren Teilen. In der Regel gehören dazu ein **geographischer Name,** der **Maßstab,** oft auch der **Kartentyp** und bei Kartenblättern (also Teilen von Kartenwerken) auch eine **Blattnummer** und gegebenenfalls der **Name des Kartenwerkes.** Bei amtlichen Karten kommt gelegentlich noch die **Ausgabeart** dazu. Eine deutsche amtliche Karte trägt beispielsweise folgenden Titel: Topographische Karte 1:25.000, Normalausgabe, 3916 Halle (Westfalen).

Hier ist Kartentyp und Maßstab übrigens gleichzeitig der Name des Kartenwerkes. Auch wenn der Ortsname und die Blattnummer alleine schon ausreichen, die Karte genau zu definieren, sollte man, etwa bei einer Bestellung, den Kartentitel immer **so vollständig wie möglich** angeben, um Mißverständnisse auszuschließen.

Die in der hinteren Umschlagkarte abgebildete Karte trägt den Titel: Schwarzwald-Bodensee, Strassenkarte 1:200.000.

Um eine Karte möglichst eindeutig zu definieren, kann man auch noch die Herstellerangaben mit hinzunehmen (siehe unten).

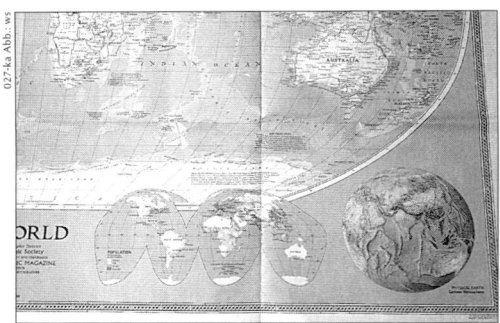

▶ Abb. 42: Auf dieser Weltkarte der Zeitschrift National Geographic ist eine Übersicht über die Weltbevölkerungsdichte als thematische Nebenkarte abgebildet.

Nebenkarten

Oft gibt es zusätzlich zur Hauptkarte noch Nebenkarten. Diese können sich innerhalb der Hauptkarte befinden, beispielsweise an einer Stelle, an der sonst nur Meer zu sehen wäre. Sie können sich aber auch im Kartenrand, auf der Kartenrückseite oder in einem Beiheft befinden – dann spricht man auch von **Beikarten.** Machmal wird die Hauptkarte auch auf der Rückseite fortgesetzt, oder es befindet sich dort eine zweite Hauptkarte. Dann spricht man nicht von Nebenkarten, sondern von einem **Doppelblatt.** Für Nebenkarten gibt es verschiedene Gründe:

Manchmal passt ein Stück des abzubildenden Gebietes nicht mehr auf das Kartenblatt und wird dann **im gleichen Maßstab,** aber an anderer Stelle abgebildet.

Wichtige Ausschnitte der Hauptkarte werden oft **in einem größeren Maßstab** noch einmal als Nebenkarte abgebildet, beispielsweise das Stadtzentrum bei einem Stadtplan oder ein besonders dicht besiedeltes oder touristisch besonders wichtiges Gebiet eines Landes.

Einige Landkarten bieten als Nebenkarten **Stadtpläne** der wichtigsten Orte.

Abb. 43: Die Peloponnes-Karte von Road Editions zeigt eine Übersichtsskizze mit Blattschnitt auf dem Deckblatt.

Andere wiederum zeigen das abgebildete Gebiet verkleinert unter einem bestimmten **thematischen Aspekt** als Nebenkarte, beispielsweise eine Weltkarte mit einer Welt-Klimakarte (Abb. 42). Auf topographischen Karten findet man oft kleine Beikarten, die die politischen Grenzen oder die Verwaltungsgliederung zeigen.

Bei Kartenwerken wird oft der **Blattschnitt** in einer Nebenkarte dargestellt, also eine Übersicht über das Gebiet, welches von dem gesamten Kartenwerk abgedeckt wird oder zumindest der Teil des Kartenwerkes in der direkten Umgebung der Hauptkarte. Falls man noch nicht genau weiß, welche Karte man genau braucht oder welche Anschlußkarten man haben möchte, kann man das auf einem solchen Blattschnitt feststellen. Der Blattschnitt wird häufig auch auf dem Deckblatt abgebildet.

Auf dem Deckblatt findet man oft auch eine hilfreiche **Übersichtsskizze**, die das auf der Hauptkarte abgebildete Gebiet mit den allerwichtigsten Eintragungen darstellt, so daß man gleich sehen kann, ob man die passende Karte vor sich hat (Abb 43).

Rand und Rahmen

Legende und Maßstab

Das wichtigste zur Legende oder **Zeichenerklärung** und ihren Untergruppen (Gewässer, Verkehr usw.), steht bereits **im Kapitel Signaturen;** daher hier nur ein paar ergänzende Hinweise:

Sollmaße

Am Rand der kleinen Beikarten stehen gelegentlich die Sollmaße, die in Zentimeter angeben, wie groß die Hauptkarte sein soll. Wen's interessiert, der kann die Kartengröße doch nachmessen, wird sich jetzt so mancher denken. Aber genau da liegt das Problem: Papier ist nicht nur geduldig, sondern auch feuchtigkeitsempfindlich; es verändert seine Größe je nach Luftfeuchtigkeit, und das noch nicht einmal nach Länge und Breite gleichmäßig. Für ganz exakte Winkelmessungen kann man also die tatsächlichen Kartenmaße ausmessen, mit den Sollmaßen vergleichen und dann gegebenenfalls Korrekturen vornehmen. Ein geeignetes Messgerät gehört allerdings kaum zur normalen Wanderausrüstung ...

Eine Gruppierung, die in der systematischen Gliederung der Legende nicht auftaucht, in der Praxis aber durchaus, sind die **Touristischen Informationen.** Sie fassen alles zusammen, was für den Reisenden von Bedeutung ist: von der Sehenswürdigkeit über den Campingplatz bis hin zur Telefonzelle.

Gelegentlich ist eine Legende mit **Auszug aus der Legende** betitelt. Das läßt darauf schließen, daß man nicht die vollständige Legende vor sich hat, diese aber ggf. separat (und oft kostenlos) beziehen kann.

Legenden sind oft mehrsprachig. Das hat seinen Grund darin, daß Landkarten sich damit besser als andere Druckerzeugnisse über Sprachgrenzen hinweg verkaufen lassen. Die Schrift im Karteninhalt besteht ja zum überwiegenden Teil aus Eigennamen, die nicht übersetzt zu werden brauchen.

Der **Maßstab,** der das Verkleinerungsverhältnis angibt, ist mit die wichtigste Kartenrandangabe und wird daher in einem eigenen Kapitel behandelt (siehe unten). Zum Neigungsmaßstab siehe im Kapitel „Höhenlinien". Auch die Äquidistanz, die häufig mit dem Maßstab zusammen angegeben wird, ist im Kapitel „Höhenlinien" erläutert.

000xg Abb.: xx

Geodätische Grundlagen

Zu den geodätischen Grundlagen zählen die **Art der Projektion,** die **Bezugsfläche(n)** und die verwendeten **Koordinatensysteme** (näheres dazu im Kapitel „Koordinaten"). Diese Angaben findet man überwiegend nur auf topographischen Karten (Abb. 44).

Nordrichtungen

Was heißt hier Nordrichtungen, **Norden** ist doch auf der Karte **immer oben, oder?** Ganz so einfach ist es nicht. Tatsächlich sind die meisten Karten nach Norden ausgerichtet; es gibt jedoch auch gute Gründe, davon abzuweichen: Wenn etwa das abzubildende Gebiet bei exakter Nordrichtung deutlich mehr Kartenplatz beansprucht, wird es oft leicht gedreht. So wird beispielsweise die Halbinsel Manhattan in New York fast immer als direkt von oben nach unten verlaufend dargestellt, weil sie so am besten aufs Papier paßt und am bequemsten zu lesen ist. Tatsächlich erstreckt sich Manhattan von ca. Nordnordosten nach Südsüdwesten.

▼*Abb. 44:* Fast *nur auf amtlichen Karten zu finden: die geodätischen Grundlagen*

Rand und Rahmen

029-ka Abb.: ws

Zur Beachtung: Gauß-Krüger-Koordinaten sind nicht identisch mit den Koordinaten ähnlicher Abbildungssysteme (z. B. UTM-Koordinaten des UTM-Meldesystems).

Geodätische Grundlagen
Potsdam Datum
Bezugsfläche: Bessel-Ellipsoid; Zentralpunkt Rauenberg
Gauß-Krüger-Abbildung
Höhen in Metern über Normalnull (NN)

Nadelabweichung
Die Nadelabweichung beträgt für dieses Kartenblatt
im Jahre 1995 etwa 1,9° westlich;
sie nimmt z. Z. jährlich um etwa 0,1° ab.

Ein anderes Beispiel für die Abweichung von der „Nordregel" sind Panoramakarten der nördlichen Alpen. Wer etwa von München aus in die Berge sieht, guckt nach Süden, und folgerichtig ist bei Panoramakarten, die diesen Standpunkt einnehmen, Süden oben.

Solche Ausnahmen sind an sich noch kein Problem. Allerdings sollte auf allen Karten die Nordrichtung angegeben sein; diese kann beispielsweise in Form einer **Kompaßrose** oder eines **Nordpfeils** eingezeichnet sein. Solange diese Angabe fehlt und man das Gebiet nicht kennt, kann man nur vermuten, daß Norden oben ist. Dies gilt natürlich auch für Karten und Pläne in Büchern. Die Nordrichtung wird übrigens nicht zwangsläufig im Kartenrand, sondern auch oft innerhalb des Kartenfeldes angegeben.

Wozu aber verschiedene Nordrichtungen? Auf topographischen Karten sieht man oft im Kartenrand ein **Diagramm mit drei Pfeilen** (Abb. 45), die alle nach oben, aber in verschiedene Richtungen weisen. Auf Karten, mit denen man sich exakt nach Himmelsrichtungen orientieren kann, sind tatsächlich drei verschiedene, leicht voneinander abweichende Nordrichtungen angegeben. Gleich vorweg, hier gilt das gleiche, wie bei den Koordinaten: Wer sich nicht mit Hilfe von Kompaß, GPS oder anderen Hilfsmitteln orientieren möchte, kann dieses Diagramm und die dazugehörigen Erläuterungen getrost vergessen. Trotzden hier eine kurze Erklärung:

Geographisch-Nord ist die Richtung zum geographischen Nordpol. Sofern auf der Karte ein geographisches Koordinatennetz (siehe „Koordinaten") eingezeichnet ist, führen die nach oben weisenden Linien alle nach geographisch Nord, kommen also alle in einem Punkt zusammen und sind somit niemals parallel.

Magnetisch-Nord ist die Richtung zum magnetischen Nordpol. Dieser ist mit dem geographischen

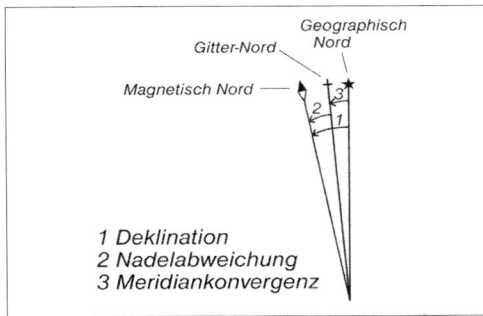

◀ *Abb. 45:*
Nicht nur die
Nordrichtungen
selbst, auch die
Abweichung der
Nordrichtungen
voneinander
haben unterschied-
liche Namen.

Rand und Rahmen

nicht identisch, sondern über tausend Kilometer davon entfernt und verändert zudem langsam, aber ständig seine Position. In diese Nordrichtung zeigt die Kompaßnadel.

Gitter-Nord – nein, einen Gitternordpol gibt es nicht. Gitternord ist die Richtung der exakt senkrecht und parallel zueinander stehenden Gitternetzlinien eines geodätischen Gitters. Diese weichen umso mehr von geographisch Nord ab, je weiter sie vom Bezugsmeridian entfernt sind (siehe „Koordinaten").

Die Differenz zwischen zwei der drei Nordrichtungen hat jeweils einen eigenen Namen.

Meridiankonvergenz ist der Winkel zwischen Geographisch- und Gitter-Nord. Sie bleibt für eine bestimmte Kartenstelle immer gleich.

Deklination ist der Winkel zwischen Geographisch- und Magnetisch-Nord.

Nadelabweichung ist der Winkel zwischen Gitter- und Magnetisch-Nord. Die beiden letzteren Differenzen werden auch als **Mißweisung** bezeichnet, da sie angeben, um welchen Winkel der Kompaß „falsch" anzeigt. Und da der magnetische Nordpol langsam aber stetig wandert, ändert sich auch die Mißweisung. Sie ist daher meist für ein bestimmtes Jahr angegeben und zusätzlich ist die ungefähre

Veränderung für die folgenden Jahre vermerkt (Abb. 44). Das Diagramm mit den drei Richtungspfeilen auf den topographischen Karten ist übrigens nur schematisch, die abgebildeten Winkel entsprechen also nicht den tatsächlichen Differenzen.

Herstellerangaben

Landkarten funktionieren durchaus als Markenartikel. Wenn der Benutzer mit einer Karte zufrieden war, kauft er natürlich gerne eine Karte desselben Verlages wieder – sofern er sich an ihn erinnert. Daher bemühen sich die Verlage um ein einheitliches Erscheinungsbild. Nachdem aber viele **Kartenserien internationale Co-Produktionen** sind, täuscht die äußere Aufmachung oft. Wer beispielsweise zu Schweden, Norwegen und Großbritannien drei durch ihr tiefblaues Deckblatt einheitlich wirkende Straßenkarten des Verlages Kümmerly+Frey kauft, besitzt damit Karten des schwedischen Landesvermessungsamtes, des norwegischen Cappelen-Verlages und der britischen Automobile Association, wobei die Qualität der letzteren gegenüber den hervorragenden beiden ersten durchaus abfällt. Auf allen dreien ist zwar auch der eigentliche Hersteller genannt, aber eben nicht ganz so auffällig.

Zumindest irgendwo am Kartenrand ist der Kartenhersteller bzw. Herausgeber vermerkt, sei es eine Behörde oder ein privater Verlag, zusammen mit dem **Copyrightzeichen ©.**

Einige Karten haben einen **Preis,** immer mehr Karten den **EAN-Code** (Bar Code) aufgedruckt, jenen maschinenlesbaren Balkencode, den man inzwischen von jeder Supermarktkasse kennt. Auch für Landkarten wird die **ISBN** (International Standard Book Number) vergeben. Soweit vorhanden ist diese 10stellige Nummer hilfreich bei Bestellungen, da sie die Karte eindeutig definiert.

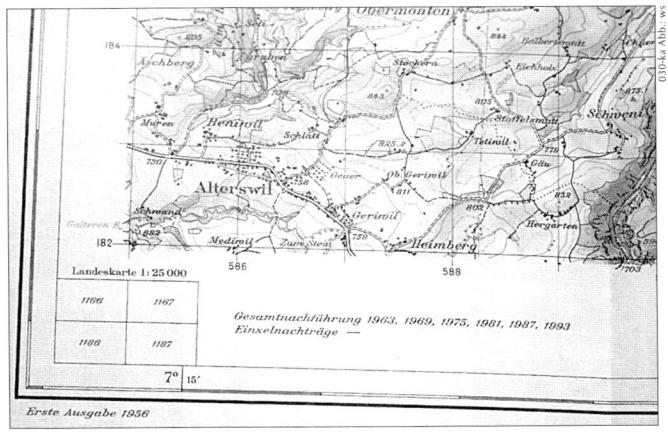

030-ka Abb. ws

Rand und Rahmen

Erscheinungsjahr

Leider gibt es keine Vorschrift, die die Kartenhersteller dazu verpflichtet, auf ihren Produkten ein korrektes Erscheinungsjahr anzugeben, geschweige denn eine Übereinkunft, in welcher Form das zu geschehen hätte. Bei einigen Karten steht das Erscheinungsjahr groß auf dem Deckblatt, bei anderen wird man in den Kartenrandangaben fündig und bei einigen sucht man vergebens nach einer Jahreszahl oder kann sich nur der vielleicht trügerischen Hoffnung hingeben, diese befinde sich vielleicht in einer der kleingedruckten Zahlenkombinationen am Kartenrand.

Dabei geht es noch weit präziser: auf vielen amtlichen Karten wird der genaue **Fortführungsstand** vermerkt. Dieser gibt an, wann die letzte umfassende **Aktualisierung** (auch als **Gesamtnachführung** bezeichnet) stattfand und wann danach vielleicht noch einzelne **Nachträge** aufgenommen wurden (Abb.46). Manchmal wird der Fortführungsstand

▲ Abb. 46: Auf den Schweizer Top-Karten ist der Stand der Aktualisierung genau vermerkt.

79

sogar für einzelne Bereiche des Kartenfeldes auf einer kleinen Beikarte gesondert angegeben oder es wird unterschieden zwischen dem Stand der topographischen Grundlage und dem der touristischen Einträge. Sofern eine regelmäßige Neuherausgabe geplant ist, wird auch schon mal der Verkaufszeitraum angegeben. Wenn da also steht Verkaufszeitraum 1997-2002, kann man davon ausgehen, daß es bald nach dem Jahr 2002 eine neue Auflage geben wird.

Bitte den Autoatlas für's übernächste Jahr – Anmerkungen zum Fetisch Aktualität

Natürlich ist es wichtig, wann eine Karte das letzte Mal überarbeitet wurde. Karten bilden Landschaften ab, und diese verändern sich ständig bzw. werden ständig verändert. Je mehr dieser Veränderungen in einer Karte festgehalten sind, desto näher ist sie an der momentanen Wirklichkeit.

Dabei sollte man aber bedenken, daß nicht alle Karten gleich schnell veralten. Eine Straßenkarte veraltet schneller als eine topographische Karte, da der Kartenschwerpunkt „Straßen" mehr Veränderungen unterworfen ist als die Gesamtheit der Landschaft, zu der ja auch das wenig veränderliche Relief gehört.

Auch kommt es auf das abgebildete Gebiet an: Ein Stadtplan von Berlin veraltet derzeit vermutlich schneller als der vieler anderer deutscher Städte. Auf dem Gelände des Forum Romanum dagegen würde ich mich wohl auch mit einer Karte aus den 20er Jahren nicht verirren.

Dennoch zeigt die Erfahrung, daß dem Kartenkäufer nichts wichtiger ist als ein möglichst aktuelles Erscheinungsjahr. Dem tragen die Kartenhersteller inzwischen Rechnung, indem sie die Aktualität als wichtigstes Qualitätsmerkmal herausstellen, was wiederum den Kunden in seinem Urteil bestärkt.

Ein sich aufschaukelndes System, welches tatsächlich zu der in der Überschrift angedeuteten Situation führt: Bereits im Frühsommer 1999 erschienen Autoatlanten mit dem Aufdruck 2000/2001. Ganz abgesehen von solchen irreführenden Vordatierungen: Auch das Erscheinungsjahr sagt ja noch nichts über die Qualität der Aktualisierung. Also: Natürlich hat Aktualität ihre Berechtigung, aber die richtige Jahreszahl auf dem Deckblatt macht alleine noch keine gute Karte. Eine leidgeprüfte Kartenhändlerin äußerte sich sehr treffend zum Thema: „Die gleichen Leute, die einen 20 Jahre alten Autoatlas im Handschuhfach herumfahren, wollen hier im Laden immer nur das Neueste, ungeachtet der Qualität".

Register

Bei Stadtplänen ist ein **Straßenverzeichnis** selbstverständlich, bei Landkarten ein **Ortsregister** (auch als **Index** bezeichnet) eher die Ausnahme. Dennoch erfüllt ein Ortsregister durchaus seinen Zweck, da man damit z. B. auch eine Straßenkarte für das abgebildete Gebiet wie einen Atlas benutzen kann. Wem es auf ein Ortsverzeichnis ankommt, sollte es mit Stichproben auf Vollständigkeit und Zuverlässigkeit überprüfen; nicht alle Register halten, was sie versprechen. Für Kartenwerke gibt es teilweise eigene Registerbände.

Bei Atlanten ist zumeist die **Anzahl der Stichwörter** angegeben. Sie ist als Kriterium für die Aussagekraft eines Atlasses oft brauchbarer als etwa die Anzahl der Seiten (siehe „Atlanten").

Weitere Informationen

Zu einer Karte gehören oft Informationen, die nicht mehr nach kartographischen Kriterien zu beurteilen

Rand und Rahmen

sind. Das fängt an mit einem **stimmungsvollen Bild** auf dem Deckblatt, leider oft anstelle der Übersichtsskizze (siehe Nebenkarten), und geht weiter mit **Programmübersichten** des Kartenherstellers, wobei der Übergang zwischen Produktinformation und Werbung fließend ist.

Bei Landkarten gibt es gelegentlich **landeskundliche Erläuterungen** oder **Grafiken,** die im Extremfall schon bald den Umfang eines kleinen Reiseführers annehmen.

Bei Stadtplänen wird entsprechend dazu das Straßenverzeichnis oft zu einem kleinen **Adreßbuch** aufgewertet, dem man alle möglichen Informationen zu Behörden, Verkehr, Freizeit und anderen öffentlichen Einrichtungen entnehmen kann.

Maßstab und Entfernungen

Großer Maßstab – kleiner Maßstab

Großer Maßstab, kleiner Maßstab – kaum ein Laie, der die Begriffe nicht durcheinanderbrächte, aber auch kaum ein Kartenkenner, der sich nicht gelegentlich dabei verspräche. Daher folgen hier Erklärung und einige Merkhilfen.

Jede Karte stellt die Landschaft verkleinert dar:

Merksatz:
Großer Maßstab, kleines Gebiet; kleiner Maßstab, großes Gebiet.

- Je stärker die Verkleinerung, also je **kleiner** der Maßstab, ein umso „**größeres Gebiet**" läßt sich auf der Karte darstellen.

- Je weniger stark die Verkleinerung, also je **größer** der Maßstab, desto **genauer** läßt sich eine Landschaft darstellen, allerdings nur ein kleineres Gebiet.

- Das Verkleinerungsverhältnis ist in der Regel genau definiert und wird in einem **Bruch** angegeben.

- Dabei stehen die Zahlen nicht auf und unter einem Bruchstrich, sondern vor und nach einem **Doppelpunkt.**

●Die Zahl vor dem Doppelpunkt ist immer 1, die Zahl danach bezeichnet die Verkleinerung. 1:50.000 bedeutet also ein Fünfzigtausendstel, die Karte stellt die Landschaft 50.000mal verkleinert dar. 1:100.000 ist demnach eine 100.000fache Verkleinerung und damit kleiner als 1:50.000. Verallgemeinert heißt das: je kleiner die Zahl nach dem Doppelpunkt, desto größer der Maßstab oder je größer die Zahl nach dem Doppelpunkt desto kleiner der Maßstab.

Merksatz: *Großer Maßstab, kleine Zahl; kleiner Maßstab, große Zahl.*

Nun hilft einem die Angabe „50.000fache Verkleinerung" zunächst nicht viel weiter, daher hier eine kurze Tabelle für wichtige Maßstäbe:

Maßstab	Strecke auf der Karte	Strecke in der Natur
1:25.000	1 cm	(25.000 cm=) 250 m
	4 cm	1 km
1:50.000	1 cm	500 m
	2 cm	1 km
1:100.000	**1 cm**	**1 km**
1:200.000	1 cm	2 km
1:1.000.000	1 cm	10 km
(= 1:1 Mio.)		

Anstatt nun aber die Tabelle auswendig zu lernen, hat sich folgender „Trick" als hilfreich erwiesen. Man merkt sich nur: **„Bei 1:100.000 ist ein Zentimeter ein Kilometer"** und leitet davon alle weiteren, auch ungewöhnlichen Maßstäbe ab. So entspricht etwa beim Maßstab 1:625.000 ein Zentimeter 6,25 Kilometern, beim Maßstab 1:63.360 (gebräuchlich bei älteren englischen Karten) entspricht ein Zentimeter 0,6336 Kilometern oder gut 630 Metern.

Rand und Rahmen

Maßstabsbalken

Auch wer mit Zahlen eher auf Kriegsfuß steht, kann mit dem Maßstab der meisten Karten problemlos umgehen, da das Verhältnis von Natur zu Karte auch mit einem Maßstabsbalken dargestellt wird. An diesem zumeist in kleinere Abschnitte unterteilten Balken kann man direkt ablesen, welche Strecke auf der Karte wieviel Metern oder Kilometern in der Natur entspricht.

Welcher Maßstab für welche Karte?

Wie bereits gesagt, läßt sich auf einer Karte mit größerem Maßstab die Landschaft genauer darstellen. Genauer ist aber nicht unbedingt besser. Wer einmal versucht, mit genauen Wanderkarten eine weitere Strecke über Land mit dem Auto zu fahren, wird feststellen, daß die Karten unzählige für ihn unnötige und in der Schnelle verwirrende Angaben enthalten – und sich nach der übersichtlichen, weil aufs Wesentliche beschränkten Autokarte zurücksehnen. Für jede Anwendung und damit für jeden Kartentyp gibt es daher geeignete und weniger geeignete Maßstäbe. Die Tabelle auf der nächsten Seite gibt einen ungefähren Überblick über verschiedene Kartentypen, geordnet nach Maßstäben.

Der **Maßstabsbereich für Autokarten** reicht von ca. 1:100.000 bis weit über 1:1 Mio. Daher hier ein paar Tips für den passenden Maßstab je nach Verwendungszweck und Besiedlungsdichte:

▸ *Die gegenüberliegende Tabelle ist auf der Umschlagklappe als Grafik dargestellt*

● 1:100.000 – gut für die Feinorientierung, selbst in Ballungsgebieten sind kleine Straßen und Wege noch verzeichnet.

● 1:200.000 – in dicht besiedelten Gebieten werden bereits einige Straßen aus Platzgründen weggelassen; dennoch geeignet für detaillierte Planung.

Maßstab	Kartentyp	Erläuterungen
1:1.000 - 1:5.000	Flurkarte (Katasterkarte, Liegenschaftskarte)	Pläne, auf denen die Grundrisse einzelner Häuser deutlich zu erkennen sind, zum Wandern zu groß (z. B. die Deutsche Grundkarte 1:5.000).
1:10.000 - 1:35.000	Stadtplan,	Pläne, auf denen im Regelfall jede Straße mit Namen verzeichnet ist.
1:25.000	Topographische Karte, Wanderkarte	Sehr genaue Karte, auf der im Idealfall jedes einzelstehende Haus zu erkennen ist. Empfehlenswert fürs Gebirge.
1:50.000	Topographische Karte, Wanderkarte	Noch ein guter Maßstab zum Wandern, aber auch schon zum Fahrradfahren.
1:100.000	Topographische Karte, Radkarte, Freizeitkarte	Für größere Radtouren; in sehr weiträumigen Gegenden auch noch zum Wandern.
1:200.000	Topogr. Übersichtskarte, Straßenkarte	Für größere landschaftliche Zusammenhänge, genaue Karte für Autofahrer.
1:250.000 - 1:1 Mio.	Straßenkarte, Länderkarte	Tourenkarte für Autofahrer, die meisten europäischen Länder sind bereits auf einer Karte darstellbar.
ca. 1:3 Millionen	Länderkarte, Kontinentkarte	Gängiger Maßstab für eine Europakarte, für Autofahrer nur noch bedingt nutzbar.
ab 1: 10 Millionen	Weltkarte	Für die Orientierung bei der Fortbewegung sind diese Karten natürlich nicht mehr geeignet ... (Der Maßstab gilt bei Weltkarten in der Regel nur am Äquator, siehe Kapitel Koordinaten.)

Rand und Rahmen

- 1:300.000 – ausreichend für die gemütliche Fahrt über Land, in Ballungsgebieten ist das Straßennetz schon stark generalisiert
- 1:500.000 – für Fahrten von Ort zu Ort noch akzeptabel, gut für größere Strecken
- 1:1 Mio. – noch ausreichend für die Bewältigung einer großen Strecke, nur wichtige Verbindungsstraßen sind verzeichnet, gut für den Überblick.
- 1:2 Mio. – in dicht besiedelten Gebieten kaum noch zur Orientierung zu gebrauchen, in weiträumigen Gegenden aber noch brauchbar.
- 1:4 Mio. – gibt nur noch eine Vorstellung über die Lage einzelner Gebiete zueinander und deren Verbindung über Hauptverkehrsadern

Strecke und Fläche

Das Verkleinerungsverhältnis, das mit dem Maßstab angegeben wird, bezieht sich immer auf eine **Strecke**, egal ob es mit einem Maßstabsbalken oder in einem Zahlenverhältnis dargestellt wird.

Merksatz:
Maßstab verdoppelt, Kartenfläche vervierfacht!

Nun bedecken aber Karte und Landschaft natürlich eine **Fläche,** und die verändert sich mit dem Maßstab „zum Quadrat". Ein einfaches Beispiel macht das deutlich: Eine gedachte Karte hat eine Seitenlänge von jeweils einem Meter, sie ist also einen Quadratmeter groß; der Maßstab sei 1:200.000. Auf einer Karte 1:100.000 sind alle Strecken doppelt so groß; wenn die Karte dasselbe Gebiet abdecken soll, müssen die Seitenlängen jeweils zwei Meter betragen. Daraus ergibt sich eine Kartenfläche von (2 x 2 =) vier Quadratmetern.

Tatsächlich deckt beispielsweise bei den amtlichen topographischen Karten Deutschlands eine Karte 1:200.000 das gleiche Gebiet ab wie vier Karten im Maßstab 1:100.000. Im Maßstab 1:50.000 sind es dann 16 Karten, im Maßstab 1:25.000 bereits 64 Karten! Dieses rasche Anwachsen der

Kartenfläche und damit der Karten, der Geldausgaben und des Gewichts sollte bedenken, wer eine
größere Tour plant und dabei nicht auf genaues
Kartenmaterial verzichten möch-
te. Ich habe als Kartenhändler
Kunden erlebt, die für eine Durch-
querung des zentralasiatischen
Karakorum-Gebirges eine (!)
1:50.000er-Karte haben wollten
oder die mal eben in Kanada und
Alaska den Yukon runterschip-
pern wollten, natürlich auf ganzer
Strecke mit Karten 1:25.000 – beide haben sich mit kleineren Maßstäben zufriedengegeben.

Tips für die Praxis

Entfernungen auf der Karte abschätzen

All das oben zum Maßstab gesag-
te ist hilfreich und wichtig. Für
den, der mit der Karte unterwegs
ist, ist es jedoch entscheidend,

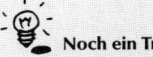

Noch ein Trick

*Auf Landkarten von Ländern, deren
Größe man weniger gut kennt (Wer
weiß schon, wie groß Mosambik
ist?), fällt es oft schwer, ein Gefühl
für Entfernungen zu bekommen.
Hilfreich ist folgender Vergleichswert,
den man sich leicht merken kann:*
**Deutschland passt im Maßstab
1:1 Million bequem auf ein
Kartenblatt, ist dann von Nord
nach Süd gut 80 cm hoch.** *Auf
einer Mosambik-Karte 1:2 Mio. wäre
es also nur noch halb so hoch, auf einer
Australienkarte 1:4 Mio. nur noch
ein Viertel so hoch.*

Rand und Rahmen

daß er ein **Gespür für Entfernungen** auf einer Karte entwickelt. Wenn die warme Hütte auf der Karte
noch acht Zentimeter von meinem Standpunkt entfernt ist, ist es für mich weniger wichtig, die genaue
Entfernung in der Natur in Kilometern (Luftlinie!) zu
wissen, als einen Erfahrungswert zu haben, wie lange ich für diese acht Zentimeter brauche.

Weniger dramatisch ausgedrückt: Wenn ich auf
meiner Straßenkarte die Hälfte der Entfernung zum
Ziel zurückgelegt habe, kann ich (bei gleichblei-
benden Straßenverhältnissen) damit rechnen, die
andere Hälfte in der gleichen Zeit zurückzulegen,
ohne auch nur einen Gedanken an den Maßstab zu
verwenden. Sobald ich aber von einer Karte auf ei-

ne andere wechsle, wird ein unterschiedlicher Maßstab zum Problem; ich kann nicht mehr die Erfahrungswerte der alten Karte einfach anwenden, sondern muß entweder anfangen umzurechnen oder ein neues „Gefühl" für die Entfernungen der neuen Karte entwickeln.

Selbstverständlich gilt hier wie beim Kartenlesen überhaupt: Übung macht den Meister. Je häufiger man Karten benutzt, desto eher kann man Entfernungen auf der Karte nicht nur in Strecken umrechnen, sondern auch als Grundlage für eine solide Zeitplanung nehmen.

Achtung: **Steigungen** oder **schwieriges Gelände** verändern den Zeitbedarf bisweilen ganz extrem. Wer bergauf geht, sich mühsam seinen Weg durch sumpfiges Gelände sucht oder sich gar den Weg durchs Dickicht erst freiräumen muß, braucht natürlich sehr viel länger, als derjenige, der einen gut ausgebauten Wanderweg benutzt. Das klingt zwar banal, wird aber bei der Zeitplanung oft vergessen oder bei der Vorbereitung mit der Karte „übersehen".

Während man in der Ebene mit fünf Kilometern in der Stunde rechnen kann, sollte man bei stärkerer Steigung nicht mehr in Entfernungskilometern sondern in Höhenmetern rechnen. 300-400 Höhenmeter pro Stunde sind dabei durchaus realistisch.

Meilen und Seemeilen

*Nicht alle Karten messen Entfernungen in Metern. Auf einigen (insbesondere englischen) Karten wird in **Meilen** (miles) gemessen. Eine englische Meile entspricht dabei 1,609 Kilometern (nicht zu verwechseln mit der auch noch gebräuchlichen noch längeren **Seemeile** = 1,852 km). Hier die ungefähren Umrechnungsfaktoren für die englische Meile:*

- *Kilometer x 1,61 = Meile*
- *Meile x 0,62 = Kilometer*

Insbesondere bei den Entfernungsangaben auf Straßenkarten sollte man sich vergewissern, welche Maßeinheit benutzt wird, sonst ist der Weg plötzlich um mehr als die Hälfte länger ...

Entfernungen in der Natur abschätzen

Wer zu Fuß unterwegs ist, kann bisweilen einen Teil seiner Wegstrecke überblicken und je nach Erfahrung auch als Entfernung oder Zeitraum abschätzen. Man kann das allein oder in einer Gruppe bei jeder Wanderung in freiem, unebenem Gelände üben und hinterher überprüfen.

Doch auch wer damit einige Übung hat, sollte sich auf seine Fähigkeit, Entfernungen zu schätzen, nicht allzusehr verlassen. Bereits die Sichtverhältnisse verändern die Einschätzung; jeder weiß vom Hören oder Erleben, daß etwa die Berge bei Föhn „zum Greifen nah" erscheinen. Je einförmiger die Landschaft ist, desto schwieriger wird die Schätzung. In einer Gegend ohne Häuser oder Bäume, etwa die lappländische Tundra oder eine Wüste, wird es sehr schwer, Entfernungen zu schätzen, weil sich dem Auge keine Vergleichsmöglichkeiten anbieten.

In jedem Gelände gilt: **Entfernungen in der Blickrichtung** des Betrachters werden eher zu kurz eingeschätzt, **Entfernungen quer zur Blickrichtung** werden eher weiter eingeschätzt.

Dies gilt umsomehr **auf dem Wasser,** wo man sich am allerwenigsten auf seinen Orientierungssinn verlassen kann. Hier sollten die Etappen, die man „auf Sicht" zurücklegt, möglichst kurz sein und so oft wie möglich anhand einer Karte überprüft werden.

Rand und Rahmen

032-ka Abb. ws

Karten,
Globen & Co.

◀ ◀ *Abb. 47:*
Eine Kartenbiblio-
thek fängt beim
Stadtplan an und
hört beim großen
Hausatlas noch
lange nicht auf.

Topographische Karten – thematische Karten

Dem Wortsinne nach ist eine topographische Karte rein landschaftsbeschreibend. Dem steht die thematische Karte gegenüber, bei der ein Thema im Vordergrund steht. Theoretisch ist also bereits eine Wanderkarte mit eingezeichneten Wanderwegen eine thematische Karte, wenn auch auf topographischer Grundlage.

In der Praxis werden beide Begriffe allerdings anders gebraucht:

Eine **topographische Karte** hat danach in der Regel einen Maßstab zwischen 1:25.000 und 1:100.000 – im Maßstab 1:200.000 wird sie in Deutschland bereits einschränkend als Topographische Übersichtskarte bezeichnet – und eine aussagekräftige Geländedarstellung, meist mit Höhenlinien (siehe vordere Umschlagklappe).

Bei einer **thematischen Karte** im engeren Sinne dient die Topographie nur noch der geographischen Einordnung des Themas; mit einer thematischen Karte kann man sich demnach auch nicht im Gelände orientieren. So sind beispielsweise auf einer Wetterkarte vielleicht nur die Umrisse der Länder und die wichtigsten Orte eingezeichnet. Wetter ist allerdings nur eines von unzähligen möglichen Themen. Die Anwendung reicht von der kleinen Karte im Tierpark, die die Verbreitung einer Vogelart zeigt, über die Hintergrundkarten der Fernsehnachrichten bis hin zu Karten in wissenschaftlichen Publikationen.

Wo aber bleibt bei dieser Einteilung die Straßenkarte, der Stadtplan oder die Atlaskarte?

Sie alle kommen ganz gut ohne Überbegriff aus. Es gibt zwar den Begriff der **angewandten Karte,** er hat sich aber bisher nicht durchgesetzt.

Kartentypen

Der **Maßstabsbereich** für die einzelnen hier besprochenen Kartentypen ist in der Grafik auf der hinteren Umschlagklappe dargestellt und im Kapitel „Maßstab" erläutert.

Wanderkarten

Wanderkarten sind von topographischen Karten im engeren Sinne (siehe oben) nicht zu trennen. Sowohl der Maßstabsbereich als auch die Anforderung an eine präzise Geländedarstellung gelten ebenso für die Wanderkarte. Darüber hinaus ist eine Darstellung der Infrastruktur für Wanderer wünschenswert, aber nicht zwingend notwendig. Dazu zählen ausgeschilderte oder markierte Wanderwege, Einkehr- und Unterkunftsmöglichkeiten, aber auch Sport-und Freizeitanlagen oder Sehenswürdigkeiten.

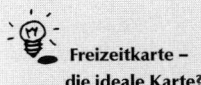

Freizeitkarte – die ideale Karte?

*Der häufig auftauchende Begriff **Freizeitkarte** klingt gut, ist jedoch mit Vorsicht zu genießen, da er für eine ganze Reihe von verschiedenen Kartentypen verwendet wird. Die im Maßstab aufgeblasene (also nur vergrößerte, nicht detailliertere) und mit ein paar Sehenswürdigkeiten geschmückte Straßenkarte wird ebenso als Freizeitkarte angeboten wie die präzise Wander- oder Radwanderkarte mit Angaben zur Freizeit-Infrastruktur. Also besser genau prüfen, ob sie den eigenen Freitzeitwünschen entspricht.*

Karten, Globen & Co.

Radwanderkarten

Radwanderer stehen vor dem Dilemma, daß sie einerseits ebenso genaue Informationen brauchen wie Wanderer, andererseits aber oft weitere Strecken zurücklegen wollen und daher ein größeres Gebiet mit Karten abdecken müssen. Für dieses Problem gibt es verschiedene Lösungen:

Für kleinere Touren eignen sich **Radwanderkarten auf topographischer Grundlage,** nichts anderes als Wanderkarten – oft auch mit diesen kombiniert – mit zusätzlich eingezeichneten Radwanderwegen.

Wer weite Strecken zurücklegen will, kann auf **für Radfahrer modifizierte Straßenkarten** zurückgreifen. Im Unterschied zu „normalen" Autokarten geben sie beispielsweise Informationen zu Verkehrsbelastung, Steigungen oder Straßenbelag.

Für festgelegte Radwanderrouten gibt es immer häufiger eine ideale Kombination: ein **Kartenatlas in Ringbuchform,** in dem die gesamte Strecke und die nähere Umgebung Seite für Seite auf topographischer Grundlage dargestellt ist.

Man muß damit auf keine Details verzichten, kann auch noch kleinere Abstecher von der Hauptroute machen und kommt trotzdem mit einer einzigen „Karte" aus. Ich habe beispielsweise mit solchen Ringbuch-Radwanderkarten wunderbare Touren quer durch Flandern oder entlang der Weser gemacht.

Straßenkarten

Straßenkarten, oft auch als **Autokarten** bezeichnet, sind neben den Stadtplänen für den normalen Nutzer die wichtigste Kartengruppe. Sie reicht von der detaillierten Karte im Maßstab 1:200.000, die auch noch einen Fahrweg verzeichnet (siehe Beispiel hintere Umschlagklappe), bis zur **Länderkarte,** die dann die wichtigsten Straßen eines Landes zeigt.

Shell-Atlas

Als man feststellte, daß der neue Shell-Atlas von Marktführer Mair nicht mehr in das Handschuhfach des VW-Golfs passte, wurde nicht etwa der Atlas verändert, sondern das Handschuhfach ... Falls die Geschichte nicht wahr sein sollte, so ist sie zumindest gut erfunden und zeigt die Bedeutung der Autoatlanten.

Neben dem Straßenverlauf gehören auch die **Klassifizierung** der Straßen (Haupt- und Nebenstraßen, Bundesstraßen, Autobahnen) und die **Autofahrer-Infrastruktur** (beispielsweise Autobahn-Raststätten, in weniger erschlossenen Gebieten auch Tankstellen) zu einer guten Autokarte.

Während man in Deutschland ganz gut ohne **Straßennummern** auskommt, sind diese auf Karten für viele andere Länder ausgesprochen wichtig, da ein Großteil der Beschilderung nur auf eben genau diesen Straßennummern basiert.

Da im Auto Gewichtsprobleme keine allzu große Rolle spielen, ist es sinnvoll, grundsätzlich eine Auswahl an Karten dabei zu haben. Wer weiß, wann man sie braucht. Ob man sich nun für einen **Autoatlas** oder für einen **Straßenkartensatz** entscheidet, ist letztendlich Geschmacksache; beides gibt es für den deutschsprachigen Raum in großer Vielfalt. Der Autoatlas bietet allerdings meist zusätzlich ein Ortsregister, Stadtpläne der wichtigsten Städte und weitere Zusatzinformationen.

Autoatlanten für das Ausland sind oft eine gute und preisgünstige Alternative für den Urlaub. Auch wenn sie hier nicht so verbreitet sind, so gibt es sie doch zumindest für viele europäische Länder und für Nordamerika.

Zu Stadtatlanten siehe bei „Stadtplänen".

Übersichtskarten

Dieser zugegeben vage und nicht allgemein etablierte Sammelbegriff umfasst Karten, die im Maßstabsbereich der Straßenkarten liegen oder noch kleinere Maßstäbe haben, aber keine besondere Betonung auf das

Horizont bis zur Windschutzscheibe – der Auto-fixierte Blick auf die Karte

Wer in eine Buchhandlung geht und eine „Karte" von Süddeutschland, Frankreich oder Nordeuropa will, bekommt mit ziemlicher Sicherheit eine Straßenkarte – will sagen, die Straßenkarte ist die Karte schlechthin. Dafür gibt es gute Gründe: Wer mit öffentlichen Verkehrsmitteln unterwegs ist, braucht nur selten eine Karte, er wird ja gefahren (oder geflogen); wer sich selbst fortbewegt, braucht fast immer die Straße (auch wenn die Zahl der Freizeit-Kapitäne und -Piloten ständig zunimmt …).

Die Fixierung auf die Straßenkarte geht aber inzwischen so weit, daß sich auch Weltatlanten mit einem Straßenkartenbild gut verkaufen. Nicht, daß der Atlasbenutzer jemals eine Indiendurchquerung mit seinem Atlas planen würde oder wirklich wissen möchte, auf welcher Straße er am besten von Paris nach Dakar kommt, aber er ist das straßenbetonte Kartenbild (dem ja viele allgemeine Informationen zum Opfer fallen) derart gewohnt, daß er es auch im Weltatlas nicht missen möchte.

Karten, Globen & Co.

Straßennetz legen und in der Regel auch nicht zur Orientierung bei der Fortbewegung gedacht sind.

Das beginnt mit den **topographischen Übersichtskarten,** die noch sehr detailliert, aber doch nicht mehr genau genug sind, um als topographische Karten durchzugehen, geht auch hier über **Länderkarten** und beispielsweise **Karten in Reiseführern** bis hin zu **Erdteilkarten** und Weltkarten (siehe unten). Auch **Schulwandkarten** und die meisten Atlaskarten (siehe unten) könnte man zu diesem Kartentyp rechnen.

Weltkarten

Weltkarten – korrekt müßte man Erdkarten sagen, das macht aber niemand – sind weit verbreitet: ob als Schreibtischunterlage, als Wandschmuck, als Hintergrundbild der „Tagesschau", als Firmenlogo oder in Atlanten und Zeitungen. Entsprechend den Anforderungen gibt es unzählige Varianten, wobei nicht nur kartographische Kriterien eine Rolle spielen: Ein Wandschmuck soll in erster Linie schön sein, ein Logo soll Aufmerksamkeit erwecken. Information und damit kartographische Qualität stehen oft an zweiter Stelle.

Allein in Deutschland sind über 80 verschiedene Weltkarten erhältlich, die man in die Tasche stecken oder an die Wand hängen kann. Hier ein paar Unterscheidungsmerkmale (die nicht nur für Weltkarten gelten):

Auch hier spielt der **Maßstab** eine außerordentlich wichtige Rolle, denn er wirkt sich direkt auf die **Größe** der Karte aus. Das geht von der kleinen Karte 1:50 Mio., die man mit ca. 50x90 cm noch gut an die Küchentüre hängen kann, bis hin zur großen 12teiligen Weltkarte 1:10 Mio., die sich mit ihren mehr als 2x4 m auch gut im Konferenzsaal der Konzernzentrale macht.

Meist hat man die Wahl zwischen physischem oder **politischem Kartenbild.** Letzteres zeigt die einzelnen Länder in verschiedenen Farben. Entweder trägt jeweils die gesamte Fläche eines Landes eine Farbe (sog. Flächenkolorit) oder nur die Grenzen eines Landes werden eingefärbt (Bandkolorit), damit noch Platz für weitere Eintragungen bleibt. Das geographische oder **physische Kartenbild** zeigt in erster Linie das Relief der Erde, daneben aber meist mehr Details als eine politische Karte. Da auf einer guten physischen Weltkarte auch die Ländergrenzen eingezeichnet sind, würde ich sie einer politischen Karte vorziehen.

▲ *Abb. 48:*
Diese politische
Weltkarte von
VWK ist gleich
mehrsprachig
beschriftet.

Die **Beschriftung** einer Weltkarte geschieht entweder in der Sprache des Herstellers (und das muß nicht deutsch sein!) oder aber in der jeweiligen Landessprache. Der Anfänger kommt mit „Irland" besser zurecht, für den Weltkundigen ist „Eire" sicher reizvoller (siehe auch Abb. 48).

An die Wand oder in die Tasche. Je nach Bedarf bekommt man viele Karten entweder **plano,** also ungefaltet und dann meist gerollt, oder **gefalzt,** der Fachausdruck für gefaltetes Papier.

Ein meines Erachtens wichtiges, aber wenig beachtetes Unterscheidungsmerkmal ist die **Kartenprojektion,** also die Übertragung von der Kugel auf die Kartenebene. Da eine Weltkarte meist als Übersichtskarte benutzt wird, ist es fatal, daß gerade hier oft völlig verzerrende Projektionen verwendet werden. Nicht nur die vielbenutzte Mercatorprojektion, auch andere Projektionen führen zu völlig falschen Größenverhältnissen der Länder und Kontinente untereinander. Auf anderen Karten, wie z.B. der Peters-Projektion, stimmen wiederum die Größen, aber die Formen der Kontinente sind völlig verzerrt.

Wer sich mit der zugegeben schwierigen Theorie nicht abplagen möchte, kann eine Weltkarte vor dem Kauf mit einem Globus vergleichen. Dieser und

Karten, Globen & Co.

nur dieser zeigt immer die richtigen Proportionen. Einprägsam ist meist der Größenvergleich zwischen Afrika und Grönland. Näheres dazu steht im Kapitel „Geodätische Koordinatensysteme".

Stadtpläne

Noch vor der Straßenkarte ist der Stadtplan die wohl am häufigsten benutzte Karte. Zum Stadtplan gehören ein **Suchgitter,** welches den Plan in einzelne Felder (Planquadrate) teilt, und ein **Straßenverzeichnis.** Je nach Interessenlage wird man verschiedene Ansprüche stellen. Ein Plan der Heimatstadt sollte möglichst auch die Randbezirke umfassen, für eine Städtetour am Wochenende reicht oft ein Plan, der die Innenstadt ausreichend groß darstellt.

Weltstädte wie London oder Rom lassen sich als Ganzes sowieso nicht mehr auf einem einzigen Plan unterbringen. Wer hier mehr als das Zentrum braucht, ist auf einen **Stadtatlas** angewiesen. Diese Stadtatlanten haben sich auch in Deutschland für Großstädte und Ballungsräume durchgesetzt und decken inzwischen bald die halbe Landesfläche ab – eine gute Ergänzung zum Autoatlas oder Straßenkartensatz, da sie nicht nur die Städte, sondern auch die umliegenden Gemeinden in Stadtplangröße abbilden und über das Straßenverzeichnis erschließen.

Egal, ob man einen gelben Falkplan (siehe Exkurs Patentfaltung) oder einen blauen ADAC-Plan kauft, sie kommen beide inzwischen aus dem Hause des Marktführers Mair. Daneben gibt es nur noch wenige selbständige, überregionale Stadtplanverlage in Deutschland. In einigen Städten gibt es allerdings hervorragende **Pläne der kommunalen Katasterämter,** man muß nur manchmal danach suchen.

Patentfaltung – eine Art Glaubensfrage?

Zu kaum einem kartographischen Thema habe ich in meiner Kartenhändler-Praxis mehr eindeutige Zustimmung oder Ablehnung erlebt wie zur (angeblichen) Patentfaltung. Die einen schwören auf sie, die anderen lehnen sie in Bausch und Bogen ab. Dabei gibt es gute Gründe, die dafür wie dagegen sprechen.

Doch zunächst zu den Fakten: Zu dem von Gerhard Falk bald nach dem Zweiten Weltkrieg entwickelten, aber offensichtlich nie angemeldeten Patent gehört die besagte Faltung, die es einem erlaubt, jedes Plangebiet einzeln aufzuschlagen, ohne den gesamten Plan auseinanderfalten zu müssen – sehr praktisch für unterwegs. Dazu kommt aber noch die „Hyperboloidprojektion" durch die das Stadtzentrum größer abgebildet wird, als die Randbezirke – eine geniale Idee, da im Stadtzentrum immer weit mehr Informationen unterzubringen sind, als am Stadtrand.

Doch auch die Nachteile sind nicht zu übersehen: Wer den Plan ganz ausklappen möchte (doch, es geht!) muß schon sehr geschickt sein oder viel Platz haben. Außerdem erschwert der fließende Maßstab trotz eines eingedruckten Kilometergitters den Streckenvergleich, denn der geschieht oft intuitiv.

*Mein Fazit: Wer sich in einer Stadt erst den Überblick verschaffen möchte, ist mit einem herkömmlichen Plan besser bedient. Wer sich schon einigermaßen auskennt, kann die unbestreitbaren Vorteile der Patentfaltung voll ausschöpfen. Sie ist übrigens seit Anfang 1999 als **Spezial-Faltung** auf dem Markt, da wegen der versäumten Patentanmeldung die alte Bezeichnung per Gerichtsbeschluß verboten wurde.*

Karten, Globen & Co.

Seekarten

Was für den Wanderer die Orientierung, ist für den Seemann die **Navigation.** Aber nicht nur der Name ist anders, Seekarten sind wirklich eine völlig eigenständige Kartengattung, und auch wer sich mit Landkarten auskennt, wird mit der Interpretation von Seekarten zunächst seine Schwierigkeiten haben. Hinzu kommt, daß man bei der Navigation sehr schnell auf weitere Hilfsmittel, mathematische Grundkenntnisse und technische Navigationshilfen angewiesen ist.

Seekarten sind aber nicht nur schwierig zu lesen, sie sind auch schwierig zu bekommen. Selbst die meisten Landkartenfachgeschäfte müssen bei diesem Thema passen, von Buchhandlungen mit allgemeinem Sortiment ganz zu schweigen. Der Grund liegt in der **Aktualität.** Bei Seekarten ist diese wirklich notwendig. Eine gesperrte Straße ist meist nur ein Ärgernis, eine verschobene Sandbank kann gefährlich werden. Daher erscheinen Seekarten nicht nur relativ häufig neu, sie werden sogar „nach amtlichen Nachrichten handschriftlich bis zur Lieferwoche berichtigt" – soweit ein Zitat aus dem Katalog der Firma Bade&Hornig (Abb. 49). Einen derartigen Aufwand kann sich natürlich nur leisten, wer sich entsprechend spezialisiert hat. Und da ein dermaßen arbeitsintensives und „leichtverderbliches" Produkt auch kaum einen finanziellen Spielraum für den Zwischenhändler möglich macht, wird der Buch- oder Kartenhändler den Interessierten weiterverweisen.

▼Abb. 49:

Wer spezielle Seekarten sucht ist mit dem Katalog von Bade&Hornig gut bedient

039-ka Abb.: ws

Seekarten
Binnenkarten, Bücher... der Katalog'99

Seit 1920 Karten, Fachliteratur, Lehrbücher, Verzeichnisse
für alle 7 Meere, für Flüsse, Kanäle und Seen -
und Videos, nautische Geräte, Seekartenberichtigungen.
Ihr Spezialist für alle Törnreviere der Welt - von der Ostsee
und dem Mittelmeer bis zur Karibik zum Pazifik.

Bade&Hornig
Deutsches Seekarten-Berichtigungsinstitut GmbH

Neben der bereits genannten Hamburger Firma
Bade&Hornig, die sich stolz Deutsches Seekarten-
Berichtigungsinstitut nennt, berät und beliefert
auch die Nautische Buchhandlung Dietrich Reimer
den Endkunden (Anschriften im Anhang).

Fliegerkarten

Auch auf Fliegerkarten findet der Kartenbenutzer
–ähnlich wie bei Seekarten – viele ihm unbekannte
Symbole und Eintragungen. Allerdings ist der Unterschied zu „normalen" Landkarten nicht ganz so gra-
vierend, ist doch die Grundlage der Fliegerkarte
meist eine Art topographischer Übersichtskarte. Zu
dieser Grundlage kommt noch der **Flugsicherungs-
aufdruck.** Er beinhaltet unter anderem Flugplätze,
Segelfluggelände, Luftraumbeschränkungen, Funk-
navigationsanlagen und Luftfahrthindernisse.

*▼Abb. 50: Das
Fliegerkartenwerk
TPC 1:500.000
zeigt ein detaillier-
tes Landschaftsbild
und ist damit für
viele Weltgegenden
das beste
verfügbare.*

Damit diese Karten auch weltweit richtig inter-
pretiert werden können, müssen
sie den Richtlinien der in Montre-
al/Kanada beheimateten International Civil Aviation Organisation
(Int. Zivile Luftfahrtorganisation)
genügen. Nach der Abkürzung
dieser Organisation werden die
Karten daher **ICAO-Karten** genannt. Für Deutschland wie für
die meisten Nord-, West-, und
Südeuropäischen Länder sind sie
im Maßstab 1:500.000 erhältlich;
Deutschland wird dabei mit acht
(relativ kleinformatigen) Karten
abgedeckt.

Ein Pilot muß diese Karten natürlich nicht nur interpretieren können, sondern ist auch verpflichtet,
immer eine aktuelle Ausgabe des

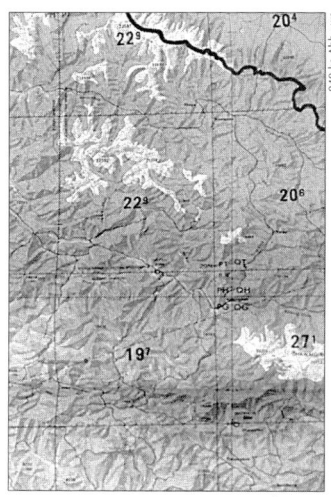

Karten, Globen & Co.

040-ka Abb.: ws

überflogenen Gebietes mitzuführen. Man kann sich allerdings auch mit einer gewöhnlichen Landkarte nach kurzer Eingewöhnung ausgezeichnet orientieren. So habe ich bei einem Flug mit dem Motorsegler den Piloten problemlos mit Straßenkarten 1:200.000 von Bayern nach Südfrankreich geleitet (aber selbstverständlich für die Planung und auch zusätzlich unterwegs immer wieder die ICAO-Karten mit den Flugsicherungsangaben zu Rate gezogen).

Umgekehrt kann man auch die Fliegerkarten durchaus als Ersatz für eine Straßenkarte gebrauchen. Das ist zwar in Europa nicht sehr sinnvoll, aber in anderen Weltgegenden unter Umständen die beste Alternative. Das Amerikanische Luftfahrtkartenwerk der **ONC-Karten** (Operational Navigation Chart) im Maßstab 1:1 Mio. gibt es für die gesamte Landfläche der Erde. Jedes dieser ONC-Kartenblätter ist noch einmal unterteilt in vier Blätter im Maßstab 1:500.000. Auch diese **TPC-Karten** (Tactical Pilotage Chart oder auch nur PC =Pilotage Chart) sind theoretisch für die ganze Erde zu haben, in der Praxis sind allerdings längst nicht alle Blätter immer lieferbar. Diese Karten sind zwar, was Siedlungen und Infrastruktur anbelangt, mit einer Straßenkarte im gleichen Maßstab nicht zu vergleichen, sie zeigen aber ein sehr detailliertes Landschaftsbild – und das ist für viele Länder (wie etwa für die GUS-Staaten in Zentralasien) mehr, als die detailliertesten sonst verfügbaren Landkarten bieten (Abb. 50).

Auch für Fliegerkarten gibt es einen Spezialisten. Man bekommt zwar die oben genannten Kartenwerke teilweise auch in anderen Kartenfachgeschäften, jedoch hat die Firma Eisenschmidt in Frankfurt (Adresse im Anhang) als offizielle Auslieferungsstelle für Fliegerkarten der BRD die breiteste Auswahl.

Atlanten

Als Atlas gilt jede **systematische Sammlung von Karten** in Buchform. Von den Stadt- und Autoatlanten war ja bereits die Rede (siehe Stadtpläne bzw. Straßenkarten), es gibt aber noch zahlreiche weitere Gruppierungen, nachfolgend die wichtigsten.

Weltatlanten

Wer einfach einen „Atlas" haben möchte, meint zumeist einen Erdatlas (korrekt, aber ungebräuchlich) bzw. Weltatlas. Er gilt als Atlas schlechthin und ist weniger für die Orientierung unterwegs als vielmehr wie ein **Nachschlagewerk** für die Information zuhause oder am Arbeitsplatz geeignet. Wie der Name schon sagt, handelt es sich um eine Sammlung von Karten der ganzen Erde. Dabei sollte man aber nicht vergessen, daß fast alle hier angebotenen Weltatlanten „Europa-zentriert" sind, also Europa und speziell den deutschsprachigen Raum viel ausführlicher behandeln als die übrigen Kontinente. Neben einigen thematischen und politischen Karten zeigen die meisten Weltatlanten überwiegend physisch-geographische Karten (siehe „Weltkarten"), die einen guten Eindruck von der natürlichen Beschaffenheit der Länder und Kontinente vermitteln.

Viele Weltatlanten beinhalten große Bildteile, Abschnitte mit Satellitenbildern oder gar Sonderkapitel z. B. zur Weltraumfahrt. All das mag faszinierend sein, man sollte aber darauf achten, daß der eigentliche Kartenteil dabei nicht zu kurz kommt. Will man einen Weltatlas überwiegend als Nachschlagewerk benutzen, so sollte man sein Augenmerk neben einer guten Handhabung (Kartenblattschnitte, Inhaltsverzeichnis) vor allem auf die Größe des **Registers** legen. Ein mittelgroßer Atlas, der bereits ab ca. 50 DM zu haben ist, hat über 100.000 Stichwörter, die größten erhältlichen Atlanten haben über 200.000 Stichwörter.

Karten, Globen & Co.

Auch die großen **Schulatlanten** sind Weltatlanten. Sei es nun der „Diercke" oder der „Alexander" oder noch ein anderer Schulatlas, es gibt kaum einen Kartennutzer, dessen Kartenvorstellung nicht von diesem Lehrmittel mitgeprägt wurde – und nicht wenige suchen sich später einen Atlas mit ähnlichem Kartenbild als Nachschlagewerk aus oder benutzen gleich den Schulatlas weiter. Schulatlanten sind zwar, was die Anzahl der Einträge betrifft, nicht allzu umfangreich, legen aber besonderen Wert auf Anschaulichkeit und thematische Vielfalt.

Regional- und Nationalatlanten

Ganz klar, im Gegensatz zu Weltatlanten geht es hier um einzelne Regionen (z. B. Bundesländer, siehe auch Abb. 51) oder Staaten. Dabei ist ein Nationalatlas weit mehr als nur ein Teil eines Weltatlases. Er ist vielmehr im Idealfall eine geographische und kartographische Bestandsaufname eines Landes, oft in mehreren Bänden und kann sogar eine Verkörperung des Nationalstolzes darstellen, was man unschwer daran erkennt, daß besonders kleine oder junge Nationen meist besonders prunkvolle Nationalatlanten haben ...

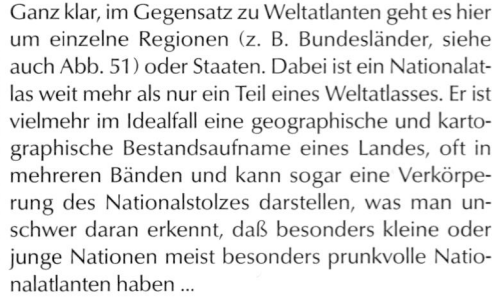

*▲ **Abb. 51:** Dieser Regionalatlas hat seine besten Tage hinter sich*

Die einzelnen Karten zeigen vielfach im gleichen Maßstab und auf der gleichen topographischen Grundlage jeweils ein anderes Thema, so daß man verschiedene Themen miteinander vergleichen kann.

Für Österreich und die Schweiz gibt es jeweils Nationalatlanten aus den 60er- und 70er Jahren, für Deutschland ist derzeit ein 12bändiger Nationalatlas in Planung, herausgegeben vom Institut für Länderkunde in Leipzig.

Thematische oder Fachatlanten

Natürlich beinhalten Weltatlanten teilweise, Nationalatlanten sogar überwiegend thematische Karten, Fachatlanten sind dagegen jeweils nur einem Thema oder Themenkomplex gewidmet. Dieses kann wiederum weltweit behandelt werden, etwa in einem Weltwirtschaftsatlas oder in einem Weltatlas zur Geschichte oder aber regional, beispielsweise in einem Weinatlas Spanien.

Kartenverwandte Darstellungen

Hinter diesem etwas sperrigen Begriff verbergen sich all jene Dinge, die einer Karte ähnlich sind oder dieselbe Funktion erfüllen, aber mindestens in einem Kriterium nicht mit der anfangs gegebenen Kartendefinition übereinstimmen (siehe „Definition einer Karte").

Panoramakarten

Jeder kennt die Panoramakarten, die viele Fremdenverkehrsprospekte zieren und die es in Postergröße zu kaufen gibt. Straßen, Ortschaften, Wälder und Seen sind klar zu erkennen, und die Berggipfel sind nicht nur Punkte, sondern haben noch eine markante Form. Bei aller Schönheit und Anschaulichkeit sind diese Karten zwar durchaus für den

Karten, Globen & Co.

▶ *Abb. 52:*
Panoramakarten
sind besonders
Anschaulich und
finden deswegen
oft in der
regionalen
Werbung
Verwendung

Überblick zu gebrauchen, nicht aber für eine genaue Orientierung.

Panoramen sind keine „Grundrißbilder der Erdoberfläche", sondern entsprechen eher noch einer Schrägaufnahme. Damit kommt die Perspektive ins Spiel, die bestimmte Strecken verkürzt erscheinen läßt. Ein Streckenvergleich ist also nicht mehr möglich. Zudem verdecken ja Berge in einer Schrägansicht immer das dahinterliegende Gebiet. Die Karte ist also immer voller „blinder Flecken".

Solange man jedoch diese Unzulänglichkeiten berücksichtigt, kann die Schrägansicht durchaus die Orientierung erleichtern, und eine gut gemachte Panoramakarte beispielsweise eines Skigebietes ist sicher der ideale Kompromiß zwischen Anschaulichkeit und notwendiger Präzision (Abb. 52).

Panoramakarten als Poster gibt es im deutschsprachigen Raum vor allem von den Alpen, aber auch Deutschland, die Schweiz, Europa oder Nordamerika kann man als Panoramaposter kaufen.

Luftbilder, Luftbildkarten, Satellitenaufnahmen

Ein senkrecht aus dem Flugzeug aufgenommenes **Luftbild** ist faszinierend und eine wichtige Infor-

▶ *Abb. 53: Auf Schrägaufnahmen ist die perspektivische Verzerrung besonders deutlich zu erkennen.*

mationsquelle. Die Luftbildinterpretation ist ein wichtiges Hilfsmittel nicht nur der Geographie und Kartographie, sondern auch etwa der Land- und Forstwirtschaft. Doch vom Luftbild zur Karte ist es noch ein weiter Weg.

Da ja nicht alle Punkte auf dem Luftbild gleich weit von der Kamera weg sind – bei einer Senkrechtaufnahme ist das Zentrum etwas näher als die Ränder –, ist die Aufnahme verzerrt, also nicht maßstabsgetreu (siehe auch Abb. 53). Diese Verzerrung kann man ausgleichen und erhält dann **entzerrte Luftbilder.** Sind diese zusätzlich entzerrt wegen starker Höhenunterschiede im Gelände – Gipfel sind wiederum der Kamera näher als Täler – spricht man von **Orthofotos.**

Zusammengesetzte und mit einem Kartenrahmen und -rand versehene entzerrte Luftbilder werden als **Bildpläne** bezeichnet. Erst wenn dann auch noch Schrift oder Höhenlinien oder andere kartographische Gestaltungsmittel direkt in den Bildplan kommen, spricht man von **Luftbildkarten.** Diese trennt von der Karte nur noch, daß nicht alle Elemente generalisiert sind.

Eine entsprechende Vorgehensweise gibt es auch für Satellitenaufnahmen, die letztendlich zu **Satellitenbildkarten** führen. Für dünn besiedelte Räume sind diese durchaus als Landkarten zu verwenden. So gibt es beispielsweise für Saudi-Arabien Karten, auf denen das Relief durch eine Satellitenaufnahme dargestellt ist, in die dann Straßen, Siedlungen usw. eingetragen werden.

Kartogramme

Auch wenn der Begriff nicht allzu geläufig ist, hat sich fast jeder schon mit Hilfe von Kartogrammen orientiert. Fast alle **Liniennetzpläne** der öffentlichen Verkehrsmittel sind Kartogamme. Der Unter-

Karten, Globen & Co.

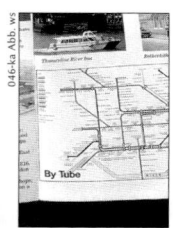

▲ **Abb. 54:**
*Der Londoner
U-Bahn-Plan, hier
in einem Werbe-
prospekt, wurde
berühmt als erster
Plan seiner Art.*

schied zur Karte sei am Beispiel des Londoner U-Bahn-Planes erläutert. Dieser ist nicht nur einer der bekanntesten weltweit, sondern war auch der erste, der als Kartogramm gezeichnet wurde (Abb. 54).

Würde man die einzelnen U-Bahnlinien so zeichnen wie sie tatsächlich verlaufen, also grundrißtreu, hätte man zwar eine Karte (die man mit einem Stadtplan gleichen Maßstabes zur Deckung bringen könnte), gleichzeitig hätte man ein unübersichtliches Gewirr von kreuz und quer verlaufenden Linien.

Um diesen Liniensalat zu entwirren, griff man auf einfache geometrische Formen zurück und begann mit der Circle-Line, die mehr oder weniger als Rechteck mit abgerundeten Ecken abgebildet ist. Um diese wurden alle übrigen Linien gezeichnet, entweder rechtwinklig oder genau in 45°-Winkeln verlaufend. Die Stationen wurden möglichst gleichmäßig verteilt, ungeachtet der tatsächlichen Entfernungen. Das Ergebnis ist alles andere als maßstabsgetreu, und auch die Richtungen stimmen nur ganz grob. Dafür ist dieses Kartogramm übersichtlicher und einprägsamer als jede Karte, weil sich das menschliche Gehirn regelmäßige Formen nun mal besser merken kann als wild gewachsene Strukturen. Der U-Bahn-Plan wurde im übrigen so erfolgreich, daß das Prinzip weltweit übernommen wurde.

Auch viele **thematische Karten** sind strenggenommen Kartogramme. Eine Karte etwa der Bevölkerungsdichte bildet ja nicht eine grundrißtreue Realität ab, sondern setzt einen statistischen Zahlenwert in Bezug zu einer Fläche, (z. B. Einwohner/qkm je Bundesland) und ist daher genaugenommen ein Kartogramm.

Reliefs

Jetzt kommt die dritte Dimension ins Spiel. Bei einem Relief wird die Landhöhe über dem Meeresspiegel nicht oder nicht nur zeichnerisch dargestellt (siehe „Geländedarstellung"), sondern **plastisch wahrnehmbar** gemacht (Abb. 55). Das kann mit Pappmaché, Holz, Gips, Metall oder jedem anderen formbaren Material geschehen. Von Einzelstücken abgesehen sind die käuflich zu erwerbenden Reliefs heute zumeist aus Hartplastik – nicht unbedingt schön, aber dafür bezahlbar.

Die Höhe über dem Meeresspiegel wird dabei selten im Maßstab der zugrundeliegenden Karte, sondern fast immer überhöht modelliert. Je größer das abgebildete Gebiet, desto stärker muß die **Überhöhung** sein, um überhaupt plastisch zu wirken. Bei dem schönen Deutschland-Relief im Maßstab 1:1,1 Mio. der Edition regio relief beispielsweise ist die Zugspitze (2963 m) etwa 3 cm hoch. Im Maßstab der zugrundeliegenden Karte dürfte sie aber noch nicht einmal 3 mm hoch sein. Das Relief ist also mehr als 10fach überhöht.

Um Begriffsverwirrungen zu vermeiden: auch die **Geländeform** selbst wird als Relief bezeichnet.

Karten, Globen & Co.

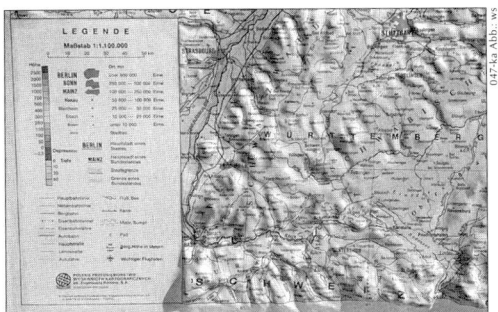

047-ka Abb. ws

◀ *Abb. 55:*
Bei diesem Deutschland-Relief von regio relief werden die Berge tatsächlich „fühlbar".

Wenn also von der Reliefdarstellung einer Karte die Rede ist, hat das noch nichts mit einem plastischen Modell zu tun.

Globen

Auch beim Globus handelt es sich um ein dreidimensionales Gebilde. Hier wird die dritte Dimension für die Darstellung der Erdkrümmung bzw. der Kugelform der Erde verwandt. Ebenso wie bei den Weltkarten ist der Maßstab dadurch begrenzt, daß ja immer die ganze Erde dargestellt wird. Ein mit 30 cm Durchmesser mittelgroßer Globus hat einen Maßstab von 1:43 Mio., die größten im Handel erhältlichen Globen erreichen mit einem Durchmeser von 51 cm einen Maßstab von 1:25 Mio. – nicht allzu groß, wenn man es mit einer Weltkarte oder gar den Möglichkeiten eines Weltatlases vergleicht. Dennoch hat der Globus einen unschätzbaren Vorteil. Nur die Kugelgestalt zeigt die **Länder und Kontinente im richtigen Größen- und Lageverhältnis** zueinander: Der Blick auf den Globus macht deutlich, wie klein Europa im Vergleich zu Afrika ist, der Blick auf den Globus erklärt, warum Transatlantikflüge immer so weit nach Norden ausgreifen – es ist die kürzeste Verbindung.

Abgesehen von den besonders großen (und damit extrem teuren) Modellen gibt es leider kaum noch Globen aus Glas. Bis vor einigen Jahren wurden diese **Glasgloben** mit Papiersegmenten beklebt und ergaben ein weitaus

Tip zum Globus-Kauf

Billige Kaufhaus-Schnäppchen sind meist ihr Geld nicht wert, für einen brauchbaren Globus muß man schon ab 100 DM aufwärts hinlegen. Im Bereich zwischen 100 und 700 DM gibt es aber durchaus Sparmöglichkeiten: Da Globen mehr als Raumschmuck, denn als kartographisches Informationsmittel gelten, definiert sich der Preis nicht nur über die Kugelgröße, sondern oft bei gleicher Globuskugel über den Fuß und den Meridian, der als Kugelhalterung dient. Es muß ja nicht unbedingt Mahagoni und vergoldet sein ... Gute Auswahl und Beratung machen sich hier durchaus bezahlt.

klareres Kartenbild als die heute üblichen **Hartpla-stikgloben.** Doch auch bei diesen gibt es himmel-weite Unterschiede (siehe Tip).

Die meisten angebotenen Modelle sind **Wech-selbildgloben,** sie zeigen unbeleuchtet ein politi-sches, beleuchtet ein physisch-geographisches Kartenbild der Erde. Es gibt aber auch Globen, die etwa die Tag- und Nachtseite der Erde zeigen (einstellbar für Datum und Zeit, siehe Abb. 58), Himmelsgloben oder Mondgloben.

Karten auf CD-Rom
(von Michael Laufersweiler)

Bei allem Respekt vor der gedruckten Karte, ihrer Präzision, ihrer Inhaltsfülle und ihrer Ästhetik - bei ihrer Nutzung im Alltag treten oft genug auch eini-ge Schwachpunkte zu Tage. So liegt beispielsweise das gesuchte Gebiet gerade am Rand einer Karte; um es vollständig abzudecken, ist der Kauf weiterer Anschlußblätter nötig. Oder es fehlen Angaben, da der Maßstab zu klein ist, als daß auch winzige De-tails erkennbar sind. Im gegenteiligen Fall sind zu viele Details verwirrend, wenn man beispielsweise lediglich die Entfernung einiger Großstädte zuein-ander abschätzen möchte. Und überhaupt, wenn man bestimmte Angaben gerne individuell hervor-heben oder eigene persönliche Objekte hinzufügen möchte, ist man bei der gedruckten Karte relativ schnell am Ende seiner Möglichkeiten.

Gerade diese **individuelle Eingriffs- und Verän-derbarkeit** ist einer der Ansatzpunkte der elektroni-schen Kartographie. Hinzu kommen **Berechnungs-möglichkeiten,** die Dank der Fortschritte der mo-dernen Datenverarbeitung in den letzten Jahren im-mer schneller, komplexer und vielseitiger geworden sind.

Karten, Globen & Co.

Um alle diese Vorteile nutzen zu können, ist es allerdings zunächst nötig, die gedruckte (analoge) Karte in eine **elektronische (digitale) Form** umzuwandeln, d. h. einen digitalen Datensatz anzufertigen. Es gibt zwei Wege der technischen Umsetzung.

Rasterdaten

Bei einem sogenannten Rasterdatensatz wird dem Computer ein **Bild** entsprechend dem analogen Kartenbild zur Verfügung gestellt. Dieses Bild kann zwar vergrößert oder verkleinert werden, der Computer hat aber keine Informationen über einzelne Bildelemente. Eine Straße ist für ihn keine „Straße", sondern wie alle übrigen Bildelemente nur eine Vielzahl von verschieden angeordneten Rasterpunkten.

Dieses elektronische Speicherverfahren nutzen derzeit am intensivsten die Deutschen **Landesvermessungsämter,** die 1996 begonnen haben, ihre Topographische Karte 1:50.000 (TK50) als Rasterdatensätze auf CD-ROM zu veröffentlichen (Abb. 56). Alle Einzelblätter des analogen Kartenwerkes wurden beim Einlesen in den Computer wieder zu einer einzigen Karte zusammengesetzt. So kann der Nutzer in der Landkarte ungestört von Blatträndern herumfahren, sein Wohnhaus genau in die Mitte des Kartenausschnittes holen und diesen für seinen Gebrauch optimal gestalten und ausdrucken.

Zugleich haben die Landesvermessungsämter die zusätzlichen Rechenmöglichkeiten, die ein Computer bietet, genutzt, und die Karten mit den Koordinaten der verschiedenen Gitternetze (Siehe Kapitel „Koordinaten") unterlegt. Dieser Vorgang, im Fachjargon **Geocodierung** genannt, ist die Verknüpfung der elektronischen Karte mit der räumlichen Position eines Standortes in Bezug auf das ausgewählte Gitternetz.

Während bei der gedruckten Karte die Koordinaten eines Geländeabschnittes durch die Verbindung von Markierungen am Kartenrand in West-Ost- und in Nord-Süd-Richtung mühsam errechnet werden, genügt dazu bei digitalen Daten ein einfaches Anklicken mit dem Mauszeiger.

Eine weiterer Tastendruck erlaubt darüber hinaus das Wechseln zwischen unterschiedlichen Gitternetzen, die Koordinaten werden entsprechend umgerechnet.

Mit der Geocodierung lassen sich weitere Möglichkeiten nutzen. So enthält die CD-ROM der jeweiligen Landesvermessungsämter auch eine **Datenbank** mit allen auf der Karten enthaltenen Ortschaften und den dazu gehörigen Gitternetz-Koordinaten.

Möchte man sich die Suche eines bestimmten Ortes auf der Karte mit dem bloßen Auge ersparen, so fährt der Rechner automatisch auf den ausgewählten Punkt und präsentiert ihn auf dem Mittelpunkt der Bildschirmoberfläche.

▼*Abb. 56:*
Die deutschen topographischen Karten sind bereits zu einem Gutteil auch für den Kunden elektronisch verfügbar.

Karten, Globen & Co.

top-kaart

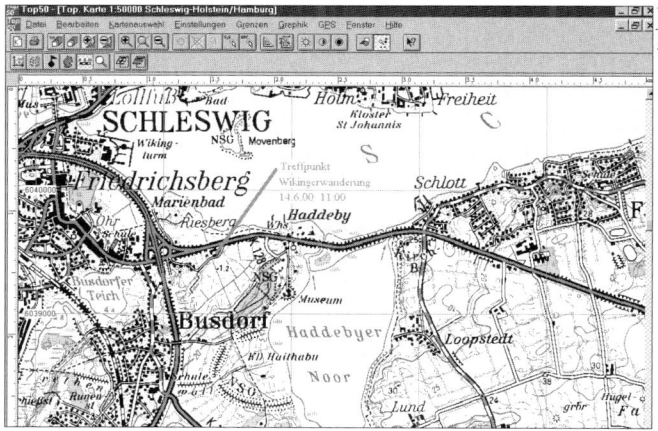

Zugleich ermöglicht die Geocodierung neben den Berechnungen von Luftlinienentfernungen oder Flächengrößen auch den **Wechsel zu anderen Maßstäben,** unter Beibehaltung der gleichen Position.

Die Landesvermessungsämter haben hierfür zusätzlich zur TK50 die TK200, TK500 und TK1000 eingebunden. Ist dem Nutzer die Detailgenauigkeit der TK50 in einem bestimmten Raum zu hoch, so wechselt er per Mausklick auf die nächst kleinere Maßstabsebene und erhält damit einen besseren Überblick.

Vektordaten

Was bei einer elektronischen Karte auf Basis von Rasterdaten nicht funktioniert, ist die **Berechnung von Routen und Entfernungen** entlang der Straßen, Eisenbahnen oder anderen gekrümmten Wegen auf der Erdoberfläche. Der Computer enthält, wie bereits erwähnt, lediglich eine große Zahl von Einzelwerten – daß sich hinter einem bestimmten Muster von einzelnen Pixeln eine Straße verbirgt, erkennt erst unser Auge.

Um diesen Schwachpunkt auszugleichen, hat man eine zweite Art der digitalen Umsetzung entwickelt, bei der die analoge Karte in einen sogenannten Vektordatensatz umgewandelt wird. Jedes Linienelement einer Karte wird in gerade Einzelstrecken unterteilt, mit einem Ausgangspunkt, einer bestimmten Länge und einer bestimmten Richtung. Eine Straßenkurve ist strenggenommen dann nicht mehr rund, sondern in eine Vielzahl kleiner Geraden unterteilt, die aneinanderhängen und jeweils durch eine etwas unterschiedliche Richtung den Kurvenverlauf nachzeichnen. Auf diese Weise „erkennt" der Rechner, hier ist eine Straße mit einer bestimmten Ausprägung. Für den Betrachter sehen diese Karten zunächst etwas ungewohnt aus (Abb. 57). Man fühlt sich oft an Strickmusterbögen aus Modezeitschriften erinnert. Da man mit Vektordatensätzen zumeist beabsichtigt, Berechnungen durchzuführen, wird auf die Darstellung von Einzelheiten, wie sie in der topographischen Karte vorkommen, in der Regel verzichtet. Im Mittelpunkt steht die Linie. Außer ihrer rein geometrischen Figur lassen sich an eine Linie auch thematische Merkmale heften, beispielsweise bei Straßen die Angaben, welcher Klassifikation sie entsprechen (Autobahn, Bundesstraße ...).

Programme wie etwa elektronische **Routenplaner** nutzen dieses Kartenmaterial, um unter Verwendung bestimmter Softwarezusätze dem Nutzer die optimale Strecke von A nach B zu berechnen. Hat der Rechner beispielsweise gespeichert, wie schnell ein PKW auf bestimmten Straßentypen vorankommt und wieviel Benzin er dabei durchschnittlich verbraucht, kann er dem Fahrer sagen, welche der Routen schneller oder aber wirtschaftlicher ist. Voraussetzung für die Gültigkeit einer solchen Aussage ist die ständige Aktualisierung und Bearbeitung des zugrunde liegenden Datenmaterials.

Karten, Globen & Co.

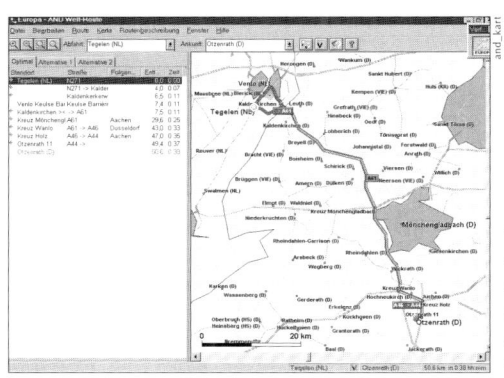

◄ *Abb. 57: Der Routenplaner der Firma AND-Software arbeitet auf der Basis von Vektordaten*

Geographische Informationssysteme

In der Wissenschaft hat die digitale Kartographie längst ihren festen Platz. Bei sogenannten Geographischen Informationssystemen (GIS), wie beispielsweise dem Programm ARC/INFO, werden durch den Computer verschiedene elektronische Karten übereinandergelegt. Dies ermöglicht eine räumliche Zusammenschau unterschiedlicher geographischer Themen. Auf Tastendruck berechnet der Computer etwa den Anteil der Naturschutzflächen an der gesamten Staatsfläche der BRD oder kombiniert sie mit einer Ländergrenzenkarte für die einzelnen Bundesländer. Daten über die Verbreitung verschiedener (seltener) Pflanzenarten lassen übereinandergelegt die Zentren der Pflanzenvielfalt erkennen. Geeignete Korridore für den Neubau von Autobahnen etwa werden mittels Computerkartographie ermittelt, um einen möglichst umweltschonenden Verlauf zu finden.

Richtfunkstrecken der Deutschen Post AG oder der Mobilfunknetzbetreiber werden auf eventuelle Funkschatten mittels elektronischer Karten überprüft. Die Katasterämter vieler Städte und Gemeinden haben bereits seit einigen Jahren damit begonnen, ihre kartographischen Arbeitsgrundlagen auf eine digitale Basis zu stellen.

Derzeitige und zukünftige Anwendungsmöglichkeiten

Aufgrund der rasanten Entwicklung kann man nur Vermutungen anstellen, in welche Richtung sich die digitale Karte in Zukunft entwickeln könnte.
Blickt man auf den **amerikanischen Markt,** so entdeckt man beispielsweise eine Software wie den "Street Atlas USA" der Firma Delorme, ein Werk,

das ein komplettes Straßenverzeichnis aller Orte der USA enthält. Es bietet die Möglichkeit der Recherche auch nach kleineren Wegen in den Suburbs und erlaubt eine Routenplanung von A nach B gemäß der Vorgabe der schnellsten oder aber der kürzesten Verbindung. Zusätzlich sind Bilder und Informationen an einzelne Orte geknüpft. Dieser Trend, weg von der reinen Karte hin zu einem kleinen multimedialen Reiseführer, setzt sich immer weiter durch. Er erschließt weitere Kundenkreise, nutzt die Möglichkeiten der Computertechnik konsequent aus und bildet die Wirklichkeit damit ganz anders ab, als es eine Karte kann. Ein solches Produkt sucht man für den europäischen Raum noch vergebens.

Interessanterweise beherrschen hier nicht mehr die klassischen Kartenverlage den Markt, sondern international agierende **Softwarefirmen.** Eine der führenden in diesem Bereich ist "AND-Software", die eine deutsche Niederlassung in Wiesbaden betreibt und in ihrem Datencenter in Rotterdam mehrere hundert Mitarbeiter beschäftigt, die eine weltweite Straßendatenbank ständig auf aktuellem Stand halten. Ein weiterer Anbieter existiert mit der Firma S.A.D./Teleinfo in Garbsen. Sie hat soeben eine flächendeckende fotografische Dokumentation aller Straßen Deutschlands abgeschlossen. Ziel dieses Projektes wird es sein, zusätzlich zur reinen Straßenkarte auf Mausklick auch eine entsprechende Fotografie einzelner Straßenzüge, Kreuzungen und sogar einzelner Hausgruppen zur Verfügung zu stellen. Die Softwarefirmen sehen ihre Produktschiene also hauptsächlich in vektorisierten Straßenkarten und damit in der Unterstützung der Autofahrer.

Lediglich die **amtliche Landesvermessung** verfolgt den Aufbau und die kontinuierliche Pflege eines vielseitig verwendbaren elektronischen Kartenbestandes. Bisher liegen die TK 200 und die TK50 digital vor, an weiteren Produkten, wie etwa Versio-

Karten, Globen & Co.

nen mit Rad- und Wanderwegen, wird gearbeitet. Eine TK10 wird derzeit in Nordrhein-Westfalen auf ihre Akzeptanz hin getestet. In den Kommunen liegt die TK 5 fast flächendeckend digital vor, in einigen Gebieten sind bereits auch Katasterkarten auf elektronischer Basis verfügbar. Hinderlich für eine weitere Entwicklung in diesem Bereich sind neben administrativen Hürden vor allem technische Schwierigkeiten bei der Verbreitung dieser Karten. Die Speicherkapazität einer CD-ROM ist mittlerweile erschöpft. Eventuell etabliert sich hier mit der DVD einer neuer Standard, oder aber man geht zu einem Online-Verfahren über. Gerade letzteres wird in Deutschland erst sehr zögerlich erprobt, während Ordnance Survey, das zentrale Vermessungsinstitut in Großbritannien, bereits den Service anbietet, individuellen Wünschen angepaßte Karten unterschiedlichsten Maßstabes per e-mail ins Haus zu schicken.

So ist die Computerkartographie im wesentlichen als eine **zeitgemäße Ergänzung** zur klassischen analogen Karte zu sehen. Sie eröffnet neuartige zusätzliche Möglichkeiten und erweitert damit den Anwendungsbereich der Karte. Ins Gelände mitnehmen wird ein Wanderer den Computer allerdings nur in den seltensten Fällen – eher wird er sich einen Ausdruck über seinen Drucker erstellen. Ob dieser dann auch an den künstlerischen und ästhetischen Wert einer durch den Kartographen gezeichneten analogen Karte heranreicht, bleibt dem Urteil jedes Einzelnen überlassen.

▸ *Abb. 58: Bei diesem Columbus-Globus läßt sich mit Hilfe der Skala am Südpol die Beleuchtung der Erde durch die Sonne für jede Tages- und Jahreszeit einstellen.*

Karten, Globen & Co.

Welche Karte ist die richtige? – Tips zum Kartenkauf

Welche Karte für welchen Zweck?

Zunächst sollte man sich darüber im klaren sein, **wo** man **was** und **mit wem unternehmen** möchte.

Auch wenn man vor einer Wanderung, Paddel- oder Radtour nicht unbedingt jeden Schritt vorhersehen kann, sollte man doch vorher das in Frage kommende Gebiet möglichst so abgrenzen, daß man sich dadurch einerseits unnötige Geldausgaben für die verkehrte Karte spart, daß man aber andererseits im Falle einer kleinen Abweichung von der Route nicht plötzlich ohne Karte dasteht.

Natürlich sollte auch die **Art der Fortbewegung** geklärt sein, denn wie inzwischen klar sein sollte, haben Autofahrer, Wanderer oder Radfahrer einen unterschiedlichen Orientierungsbedarf (siehe „Maßstab").

Bei **mehreren Teilnehmern** empfiehlt sich eine genaue Absprache, denn es müssen ja nicht fünf Leute mit der gleichen Karte durch die Gegend rennen. Andererseits sollte man sich auch nicht auf den einen verlassen, der sich vielleicht schon ein bißchen auskennt. Wer immer nur brav hinterhertappelt, hat im Notfall keine Chance, sich zu orientieren. Gegebenenfalls kann man durchaus verschiedene gleichwertige Karten des selben Gebietes mitnehmen. Hier gilt: Zwei Paar Augen sehen (auch auf der Karte!) mehr als eines, und zwei Karten zeigen mehr als eine. Im übrigen lernt man nirgends so gut Kartenlesen wie unterwegs mit kundiger Hilfe.

Wo gibt es die richtige Karte?

Es gibt zwar „Landkartenläden", doch sind sie eher die Ausnahme. Wo also bekommt man Karten? In erster Linie in Buchhandlungen. Zwar führen beispielsweise **Tankstellen** und **Kaufhäuser** oft Landkarten, allerdings meist nur ein sehr kleines Sortiment, und gute Beratung ist dort eher die Ausnahme.

Auch im **Buchhandel,** der zwar gängige Karten meist innerhalb eines Tages besorgen kann, darf man nicht überall eine fundierte Beratung erwarten. Landkarten sind ein Randgebiet des Buchhandels, und wenn man nicht das Glück hat, auf eine(n) besonders interessierte(n) Buchhändler(in) zu treffen, wird man gute Betreuung nur in Buchhandlungen mit eigener Landkarten- und Reiseabteilung finden.

Eine solche Abteilung haben neben großen Buchhandlungen vor allem die **Landkartenspezialisten.** Und da es von letzteren im deutschsprachigen Raum nicht allzu viele gibt, ist ein Großteil von ihnen im Anhang mit Anschriften aufgeführt.

Neben den auf Landkarten spezialisierten Buchhandlungen sind hier noch ein paar weitere Bezugsquellen zu nennen: **Sport-, Outdoor- und Trekkingläden** haben gelegentlich nicht nur ein Kartensortiment auf Lager sondern bieten in ihrem Kartenbereich oft eine hervorragende, auf eigenen Erfahrungen beruhende Beratung.

Für einen ersten Überblick ist auch das Karten- und Informationsmaterial nicht zu verachten, das man sich von vielen **Fremdenverkehrsämtern** umsonst oder gegen eine kleine Gebühr zuschicken lassen kann.

Für großmaßstäbliche Pläne, topographische Karten und Luftbildkarten sind die lokalen **Katasterämter** die richtige Anlaufstelle.

Wie beurteilt man eine Karte?

Wichtigstes Kriterium für die Beurteilung einer Karte ist nicht ihre objektive Qualität, sondern die **Benutzerfreundlichkeit.** Und der Benutzer sind Sie selbst! Wenn Sie mit einer Karte nicht zurechtkom-

Tips zum Kartenkauf

**Wer soll denn da den Überblick behalten! –
der Geo Katalog**

*Woher weiß der Buchhändler eigentlich, welche Karten es
gibt? Ganz einfach, der schaut in seinen Computer! Ganz
so einfach ist es denn doch nicht, schließlich kommt es
zunächst darauf an, womit sein Computer vorher gefüttert wurde. Normalerweise sind das u. a. die **Bestände
der Buchgroßhändler,** und die führen zwar alle gängi-
gen Karten, aber eben nur diese.*

*Zum Glück für den deutschsprachigen Kunden befindet
sich in Stuttgart das zum Geo Center gehörende ILH (In-
ternationales Landkartenhaus), der Kartengroßhändler
mit dem wohl weltweit größten Kartenangebot. Das ILH
gibt zwei Kataloge heraus: Der gelbe **Geo Katalog 1** führt
„im deutschsprachigen Raum erhältliche Touristische Ver-
öffentlichungen" auf. Neben dem nahezu lückenlosen Rei-
seführerangebot sind das vor allem fast sämtliche Landkarten mit Ausnahme von ausländischen topographischen
Kartenwerken und wissenschaftlichen Landkarten. Diesen
Katalog gibt es auch auf CD-Rom, möglicherweise wurde
des Buchhändlers Computer auch damit gefüttert …*

*Wer im gelben Geo nicht fündig wird, kann auf den ro-
ten **Geo Katalog 2** zurückgreifen. Diese dreibändige Lo-
seblattsammlung in roten Ordnern, die über eine Million
Karten nachweist, gibt es aller-
dings nur in gedruckter Form,
und nur die wenigsten Buchhandlungen leisten sich den
Luxus dieses Nachschlage-
werks.*

*Hier sind dann alle topo-
graphischen Kartenwerke mit
zahllosen Blattschnitten und
wissenschaftliche Landkarten
aufgeführt.*

men, dann ist diese (für Sie) keine gute Karte. Ob es nun an der Karte oder an Ihren Gewohnheiten, Vorlieben oder Kenntnissen liegt, spielt in der Praxis keine Rolle, denn die Karte ist ja kein Selbstzweck, sondern ein Hilfsmittel für Sie. Und wenn ich als Kartenliebhaber in diesem Buch z. B. amtliche Karten wegen ihrer Detailfülle preise, können Sie mit gutem Recht sagen: „Mir sind diese zu unübersichtlich, ich bevorzuge einfachere Karten".

Man sollte daher den **eigenen Eindruck** nicht gering schätzen, ihn aber, nachdem man mit der Karte unterwegs war, gegebenenfalls korrigieren. Natürlich gibt es aber eine Reihe von Kriterien, nach denen man eine Karte auch vor dem Kauf beurteilen kann:

● Das **Kartenbild** sollte ansprechend, klar und übersichtlich sein.

● Die **Anzahl der Informationen** läßt sich bei zwei Karten insgesamt nur schwer vergleichen, man kann jedoch durchaus als Stichprobe auf einem eng begrenzten (im Idealfall sogar bekannten) Gebiet die Informationsfülle zweier Karten miteinander vergleichen: Welche zeigt mehr Straßen und Wege zwischen drei Ortschaften? Wie genau ist eine Siedlung dargestellt? usw.

● Die **Richtigkeit der Angaben** läßt sich meist erst feststellen, nachdem man die Karte benutzt hat, es sei denn, man kennt sich in zumindest einem Bereich der Karte bereits aus.

● Ist der **Maßstab angemessen** (siehe dazu das Kapitel „Maßstab")?

● Gibt es ein **Register,** ist es vollständig und funktioniert es? Kurze Stichproben helfen weiter.

Wie ausführlich, und verständlich ist die **Legende,** enthält sie beispielsweise touristische Hinweise?

● **Wie alt** ist die Karte (siehe Kapitel „Kartenrand, Erscheinungsjahr")?

● Wie ist die **Handhabung?** Ist die Faltung sinnvoll, sind Format und Gewicht akzeptabel?

Tips zum Kartenkauf

● Nicht zuletzt spielt dabei auch der **Preis** eine Rolle. Man sollte sich überlegen, ob z. B. bei einer Flugreise für mehrere tausend Mark die Karte nicht doch mehr als 9.80 DM kosten darf ...

Ein Tip für Tandemfahrer

Für Fahrten in der Nähe unseres Wohnortes habe ich eine geeignete Karte im Copy-Shop auf die Rückseite eines weiten T-Shirts kopieren lassen. Der Vordermann zieht's an, der Hintermann kann in aller Ruhe unterwegs die Karte studieren – und sich an verblüfften Blicken weiden ...

072-ka Abb.: ws

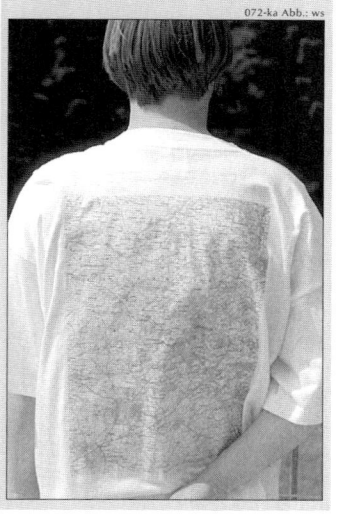

Mit der Karte unterwegs

Unterwegs sollte die Karte **immer griffbereit** sein und so oft wie möglich zu Rate gezogen werden. Wer erst auf die Karte schaut, wenn er sich seines Weges nicht mehr sicher ist, hat schlechtere Chancen, sich wieder zurechtzufinden.

Daß eine Karte bei ständiger Benutzung leidet, ist klar, aber zum einen ist sie ein Gebrauchsgegenstand und kein Heiligtum, zum anderen gibt es verschiedene **Methoden, die Karte zu schützen** und zu schonen:

Zunächst kann man die Karte sichtbar verpacken. Dafür gibt es eigens **Kartentaschen,** man kann aber eine solche mit einer durchsichtigen Plastiktüte durchaus improvisieren.

Man kann aber auch die Karte selbst **wasserabweisend machen,** entweder durch ein spezielles Imprägnierspray oder durch eine selbstklebende Klarsichtfolie. Letzteres ist effektiver, macht aber die Karte schwerer und erfordert einiges Geschick, sonst gibt es Falten und Blasen.

Da ich dieses Geschick nicht habe, greife ich oft zu einer anderen Lösung. Für längere Touren kopiere ich mir den Teil der Karte(n), auf dem die geplante Route verläuft.

Unterwegs benutze ich die Kopien, in die gegebenenfalls gleich die Route mit einem Marker eingetragen ist, für die regelmäßige Orientierung und ziehe das Original nur in Zweifelsfällen zu Rate. Auf diese Weise sieht eine Karte auch nach zwei Wochen Radtour mit Regenwetter noch einigermaßen manierlich aus. (Achtung: **Kopieren** ist nur für den Eigenbedarf erlaubt!)

Karten für Europa und die Welt – eine kommentierte Auswahl

Sich auf die Schnelle einen Überblick über die gesamte Kartenproduktion der Welt zu verschaffen, ist natürlich unmöglich.

Man kann aber durchaus für wichtige europäische Reiseländer eine Auswahl sowohl an topographischen als auch an Straßenkarten treffen und darüber hinaus ein paar Tips für die Landkarten weltweit geben.

Dabei gilt es zu bedenken, daß nicht überall eine derart gute **Landkarten-Situation** herrscht wie in Mitteleuropa. Dafür gibt es mehrere Gründe: Zum einen sind Vermessung und Kartierung teuer und nicht von jedem Land so problemlos zu finanzieren wie von den reichen westlichen Industriestaaten. Zum anderen steigen die Kosten mit abnehmender Bevölkerungsdichte eines Landes, da ja pro Kopf umso mehr Landfläche zu kartieren ist, je dünner das Land besiedelt ist. Zudem finden sich in menschenleeren Gegenden auch weniger Abnehmer für eine Karte; wer will schon eine topographische

Karte aus dem amerikanischen Mittelwesten, auf der nicht viel mehr als das halbe Weizenfeld von Farmer Smith zu sehen ist ...

Es gibt aber noch ein weiteres, ganz entscheidendes Kriterium dafür, daß Landkarten schlecht verfügbar sind, welches paradoxerweise genau darin begründet liegt, daß Karten das ideale Medium sind, um raumbezogene Informationen zu speichern. Denn diese Informationen sind von hohem militärischen Nutzen.

In vielen Ländern gibt es also gutes Kartenmaterial – es wird nur nicht veröffentlicht. Man sollte nun meinen, daß eine gewöhnliche topographische Karte im Zeitalter der Satellitenaufklärung kein exklusives militärisches Geheimnis mehr darstellt. Tatsache ist aber, daß neben vielen anderen Ländern sogar der Nato-Mitgliedsstaat Griechenland seine Karten nicht freigibt. Und ohne staatliche Grundlagen können auch private Kartenhersteller keine guten Karten produzieren.

Es gibt also viele Gründe für das Fehlen von guten Karten: Geldmangel, Nachfragemangel und militärische Geheimniskrämerei.

An dieser Stelle soll der Hinweis nicht fehlen, daß es nicht nur schlecht gemachte, sondern auch bewußt **gefälschte Landkarten** gibt – und das nicht irgendwo, sondern auch in Deutschland. So versteckt sich beispielsweise im Wald nördlich von Nörvenich bei Köln ein Militärflugplatz, der auf der amtlichen topographischen Karte 5105 1:25.000 bis heute nicht verzeichnet ist. Zwar ist die Geheimhaltung inzwischen aufgehoben, aber noch ist die Karte ohne Flugplatz lieferbar; erst die nächste Auflage wird ihn beinhalten.

Die folgende kommentierte Kartenliste versteht sich als Empfehlung und ist selbstverständlich nur eine ganz kleine Auswahl. Karten also, die nicht erwähnt werden, müssen deshalb nicht schlechter sein als die empfohlenen.

Auswahlkriterien sind neben der Qualität auch der Preis und die Verfügbarkeit im deutschsprachigen Raum. Ausgewählt wurde gegebenenfalls in folgenden Kategorien:

⛰ topographische Karten und Wanderkarten

🚲 Radkarten

🚗 detaillierte Autokarten (Die zahlreichen Autoatlanten, die oft die kostengünstigste Alternative für eine flächendeckende, genaue Karte darstellen, wurden aus Platzgründen kaum berücksichtigt.)

👁 Überblickskarten

Wenn bei den topographischen Karten kein Hersteller genannt ist, handelt es sich um **amtliche Karten.** Diese werden vorrangig vorgestellt; es folgen gegebenenfalls die der privaten (kommerziellen) Kartenhersteller. Erstere sind, von wenigen Ausnahmen abgesehen, präziser und detaillierter als kommerziell hergestellte Karten. Das hat verschiedene Gründe: In der Regel basieren nur amtliche Karten direkt auf einer Vermessung, kommerzielle Karten sind von amtlichen Karten abgeleitet. Zudem können Vermessungsämter im Gegensatz zu strikt gewinnorientierten Unternehmen mehr Geld, Zeit und Mühe in eine Karte stecken, als durch den späteren Verkauf wieder eingespielt wird – und das schlägt sich in der Kartenqualität nieder.

Noch ein Hinweis zur **privaten Kartographie.** Durch die extreme Konzentration auf dem deutschen Landkartenmarkt hat sich die Zahl der Anbieter in den letzten Jahren stark verkleinert. So hat beispielsweise der Marktführer Mair erst vor kurzem den wichtigen Konkurrenten Falk/RV aufgekauft. Im Augenblick ist daher noch nicht genau abzusehen, welche Marken auf Dauer bestehen bleiben. Möglicherweise erscheinen einige der nachfolgend angegebenen Karten demnächst nicht mehr oder aber unter einem anderen Markennamen.

Tips zum Kartenkauf

Europa

Ein Hinweis zu Europa allgemein: Wer sich einen Überblick über die amtlichen Karten eines bestimmten europäischen Landes verschaffen möchte, findet für Anfragen im kostenlosen Kartenverzeichnis der deutschen Landesvermessungsämter (siehe unter Deutschland) die **Anschriften aller europäischen Vermessungsbehörden.**

Deutschland

Topographische Karten gibt es in Deutschland flächendeckend in den Maßstäben 1:25.000, 1:50.000, 1:100.000, 1:200.000, 1:500.000 und 1:1.000.000. Die Bundesrepublik ist ein föderaler Staat; daher ist die Kartenherstellung für Maßstäbe größer als 1:200.000 Ländersache und liegt bei den Landesvermessungsämtern (LVA). Diese haben sich allerdings für die oben genannten **Hauptkartenwerke** auf eine einheitliche Ausführung geeinigt (Abb. 62). Neben einer Normalausgabe gibt es meist eine einfarbige Ausgabe (in die man eigene Einträge machen kann), eine Ausgabe als Luftbildkarte (erläutertes, entzerrtes Luftbild, nur im Maßstab 1:25.000) und auch Ausgaben mit Wander- und Radwanderwegen. Beispiele für die Normalausgabe der einzelnen Maßstäbe siehe im Kapitel „Generalisieren am Beispiel einer Maßstabsfolge". Die Maßstäbe 1:200.000 und kleiner werden länderübergreifend vom Bundesamt für Kartographie in Frankfurt/Main (Außenstelle Berlin) bearbeitet.

Für den Kartennutzer sind die **Gebiets- und Sonderkarten** meist noch interessanter. Hier sind die Vermessungsämter weder auf einen einheitlichen Blattschnitt noch auf eine einheitliche Ausführung festgelegt, außerdem sind die Kartenblätter meist größer. Wer also ein zusammenhängendes Gebiet wie beispielsweise das Karwendelgebirge in Bayern sucht, findet eine Gebietskarte 1:50.000 mit Wander- und Radwanderwegen, die das ganze Gebirge zeigt. Auf diese Weise sind fast alle touristisch interessanten Gegenden abgedeckt, in einigen Bundesländern sogar das ganze Land. Diese Gebiets- und Sonderkarten gibt es als Umgebungskarten, Regionalkarten, Kreis- und Bezirkskarten, Wanderkarten, Radwanderkarten, Naturparkkarten und sonstige Freizeitkarten – natürlich nicht jede Form in jedem Bundesland.

Kurzum, es gibt für fast jeden Verwendungszweck und jedes Gebiet eine geeignete amtliche Karte – und das zu moderaten Preisen. Wer sich darüber einen guten Überblick verschaffen möchte, kann bei den einzelnen Vermessungsämtern das kostenlose **Kartenverzeichnis** „Amtliche Topographische Karten der Bundesrepublik Deutschland" anfordern. Stellvertretend sei hier die Anschrift des Hessischen Amtes genannt, die dieses Verzeichnis herausgibt: Hessisches Landesvermessungsamt, Schaperstraße 16, 65195 Wiesbaden, Tel. (0611) 535-236, Fax 535-309.

Wer es noch genauer als 1:25.000 haben möchte, kann für die alten Bundesländer auf die **Deutsche Grundkarte** 1:5000 zurückgreifen. Sie ist fast flächendeckend erschienen und verzeichnet so ziemlich jedes einzelne Haus und Grundstück.

Auch hier gibt es verschiedene Ausgabearten. In den neuen Bundesländern entspricht der Grundkarte die Topographische Karte 1:10.000. Die Grundkarte wird nicht unbedingt von den LVA bearbeitet, sondern je nach Bundesland ggf. von den Vermessungsämtern (Katasterämter, oft im Rathaus angesiedelt) auf kommunaler, Kreis- oder Bezirksebene. Wo man also genau Karten mit einem größeren Maßstab als 1:25.000 erhält, läßt sich nicht allgemein sagen; Informationen bekommt man in jedem Fall über das jeweilige LVA und dessen Adresse über das oben genannte Kartenverzeichnis.

Noch vor einigen Jahren hatten die **privaten Wanderkartenhersteller** den Vorteil, daß sich die Vermessungsämter nicht um die Bedürfnisse der Freizeitnutzer kümmerten. Nur die private Kartographie verzeichnete Wander- und Radwanderwege als solche und hob Sehenswürdigkeiten und Freizeiteinrichtungen hervor. Inzwischen leisten das auch die Sonderausgaben der amtlichen Karten – bei weitaus präziserer topographischer Grundlage. Das einzige Argument, das für die privaten Wanderkarten spricht, etwa die des Marktführers Kompass-Wanderkarten, ist eine größere Übersichtlichkeit, die dem weniger geübten Kartenbenutzer die Orientierung erleichtert.

🚲 Radwanderkarten der Landesvermessungsämter, gibt es für viele Bundesländer in den Maßstäben 1:50.000 und/oder 1:100.000. Daneben sind hier vor allem die Karten der Bielefelder Verlagsanstalt zu nennen: zunächst die Radtourenkarte 1:150.000, Deutschland auf 27 Blättern mit Routen, Sehenswürdigkeiten, touristischen Hinweisen, Steigungen, Verkehrsbelastung und Wegebeschaffenheit, allerdings etwas unruhiges Kartenbild. Die ADFC-Regionalkarte, ebenfalls bei der BVA erschienen, gibt es im Maßstab 1:75.000, allerdings (noch) nicht flächendeckend. Für viele Radwanderwege gibt es bei der BVA Karten in Ringbuchform (Details siehe „Kartentypen, Radwanderkarten"). Flächendeckend gibt es auch die Ausflugskarte von Haupka 1:100.000 in 46 Blättern, detailliert und mit vielen Hinweisen nicht nur für Radler. Sie ist auch für den Autofahrer mit sehr hohen Ansprüchen zu empfehlen.

050-ka Abb. ws

▲ *Abb. 62:*
Die Landesvermessungsämter bieten Karten in jedem Maßstab (Hier Karten des LVA Nordrhein-Westfalen)

Tips zum Kartenkauf

⬙ Als detaillierte Autokarte empfiehlt sich für Deutschland neben der Haupka-Ausflugskarte (siehe Radwanderkarten) nach wie vor die Generalkarte 1:200.000 von Mair (Marco Polo) in 37 Einzelblättern oder 12 Großblättern (einzeln zu beziehen; Achtung: einige Sonder- oder Jubiläumsausgaben sind zwar spottbillig, aber auch von schlechterer Druckqualität – das Ergebnis ist ein weniger klares Kartenbild).

Größere Maßstäbe als 1:200.000, beispielsweise 1:150.000, sind, egal ob in Atlanten oder Kartenwerken, meist nur „aufgeblasen", zeigen also nicht mehr Details, sondern nur die bestehenden größer.

⬙ Überblickskarten gibt es für Deutschland so zahlreich, daß ich hier nicht eine bestimmte hervorheben möchte. Die größten haben einen Maßstab von 1:500.000, sind dann aber immer doppelseitig (man kann sie also nicht an die Wand hängen), ab 1:700.000 gibt es auch einseitig bedruckte. Einige beinhalten ein Beiheft mit Register.

Übrigens gibt es neben den unzähligen Autokarten seit 1998 eine hervorragende Karte für den öffentlichen Verkehr in Deutschland, herausgegeben vom Verkehrsclub Deutschland (VCD), die neben allen Bahn- und S-Bahnlinien sogar die wichtigsten Buslinien verzeichnet.

Schweiz

⬙ Die amtlichen topographischen Karten der Schweiz waren bereits im 19. Jh. in der Kartographie wegweisend und zählen auch heute zu den besten und meines Erachtens auch schönsten Karten weltweit. Wie in Deutschland gibt es sie flächendeckend in den Maßstäben 1:25.000 (siehe Karte im Umschlag vorn), 1:50.000, 1:100.000 und 1:200.000. Wie in Deutschland gibt es im Maßstab 1:50.000 Ausgaben mit Wanderwegen und darüber hinaus teilweise Ausgaben mit Skirouten. Die Wanderkarten des Verlages Kümmerly&Frey im Maßstab 1:60.000 sind nicht ganz so detailliert, aber durchaus brauchbar.

⬙ Radwanderkarten sind ebenfalls im Verlag Kümmerly& Frey in Zusammenarbeit mit dem Verkehrsclub der Schweiz im Maßstab 1:60.000 erschienen.

⬙ Auch für die Schweiz gibt es die Generalkarte von Mair 1:200.000, in zwei Großblättern. Im gleichen Maßstab, allerdings auf vier Blättern, ist die ebenfalls empfehlenswerte Michelin-Straßenkarte erschienen.

⬙ Die detaillierteste Karte der gesamten Schweiz auf einem Blatt ist die amtliche „Generalkarte 1:300.000". Man braucht allerdings fast schon eine Lupe, um die faszinierende Informationsfülle auszuschöpfen. Wer nur den schnellen Überblick möchte, ist mit einer der zahlreichen Straßenkarten in etwa dem selben Maßstab besser bedient. Diese Karten haben so seltsame Maßstäbe wie 1:301.000 – ganz einfach, weil genau bis zum Maßstab 1:300.000 Lizenzgebühren an die Landestopographie zu zahlen sind.

Österreich

🗺 Für einige Gebiete der österreichischen Alpen gibt es die ausgesprochen präzisen Karten des Deutschen Alpenvereins 1:25.000; einer der wenigen Fälle, bei denen die private Kartographie der amtlichen überlegen ist. Zwar gibt es die amtliche Karte 1:25.000 für Österreich flächendeckend, allerdings ist diese nur eine Vergrößerung der Karte 1:50.000. Gegebenenfalls ist auch die Kompaßkarte 1:35.000 zu empfehlen.

🚲 Abgesehen von topographischen Karten sind die Radwanderkarten der Serie bikeline, Österreich 1:200.000 in acht Blättern zu empfehlen.

🚗 Auch hier gibt es wieder die Generalkarte 1:200.000, entweder in acht Blättern oder in drei Großblättern.

🗺 Zahlreiche Karten im Maßstab 1:300.000 oder kleiner

Belgien

🗺 Vom Nationaal Geografisch Instituut gibt es flächendeckend Karten in den Maßstäben 1:25.000 (238 Blätter) und 1:50.000 (74 Blätter). Auch die Karte 1:100.000 ist unter Umständen noch brauchbar (siehe Radkarten).

🚲 Wer nur kleinere Strecken zurücklegt, sollte auf das amtliche topographische Kartenwerk 1:100.000 in 19 Blättern zurückgreifen. Die Karten sind stark überlappend und beinhalten ein geographisches Beiheft und eine Sonderkarte für Rad und Freizeitsport auf der Rückseite. Eine billigere Lösung ist das vierblättrige Kartenwerk von Geocart im gleichen Maßstab, es ist aber deutlich weniger detailliert. Für einzelne Routen, wie beispielsweise die Flandernroute, gibt es hervorragende topographische Kartenwerke 1:50.000 in Ringbuchform.

🚗 Auch hier gibt es wieder die Generalkarte 1:200.000, auf einem doppelseitig bedruckten Großblatt (umfasst auch Luxemburg und Teile der Niederlande). Genauer sind, bei gleichem Maßstab, die Michelin-Karten, die ganz Belgien allerdings nur in drei Blättern abdecken.

🗺 Karten, die Belgien auf einer Seite abbilden, gibt es ab dem Maßstab 1:250.000.

Tips zum Kartenkauf

Dänemark

Das Geodætisk Institut Danmark gibt flächendeckend topographische Karten 1:25.000, 1:50.000 und 1:100.000 heraus. Diese sind sehr gut, aber nicht ganz billig und decken nur verhältnismäßig kleine Gebiete ab.

Für Fahrradfahrer empfielt sich die topographische Karte 1:100.000. Wer einen größeren Teil des Landes abdecken möchte, ist mit den selben Karten als Atlas besser bedient. Sonderkarten größerer Gebiete sind auch über den ADFC (Fahrrad-Club) Bremen zu beziehen. Wer es billiger haben möchte, muß auf Autokarten zurückgreifen (siehe unten).

Auch hier gibt es wieder die Generalkarte 1:200.000, Dänemark in vier Blättern. Im selben Maßstab gibt es auch eine amtliche Karte in vier Blättern bzw. als Atlas, die derzeit aktuelle Auflage ist allerdings jeweils über 10 Jahre alt.

Überblickskarten für Dänemark gibt es zahlreich ab dem Maßstab 1:300.000. Zum Überblick Skandinavien siehe Norwegen, Überblickskarten.

Finnland

Wanderkarten gibt es für Finnland nicht flächendeckend, für die wichtigsten Wandergebiete gibt es allerdings Einzelblätter in verschiedenen Maßstäben von 1:30.000 bis 1:100.000. Für Gebiete, die davon nicht abgedeckt werden, muß man auf die Straßenkarte 1:200.000 zurückgreifen, siehe unten.

Die amtliche finnische Straßenkarte Suomen Tiekartta (GT) 1:200.000 in 19 Blättern ist für Radfahrer die beste, wenn auch nicht ganz billige Lösung (Abb. 63).

Für kleinere Bereiche oder Vielfahrer empfiehlt sich die

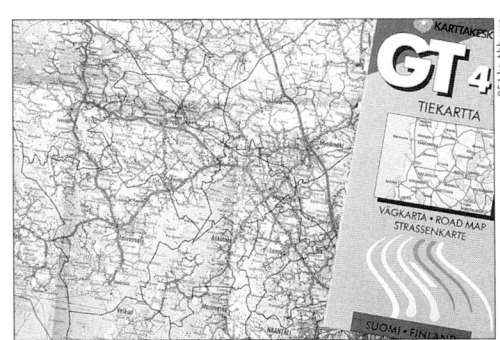

▶ **Abb. 63:** *Für Radfahrer in Finnland zu empfehlen: der GT-Kartensatz 1:200.000*

Straßenkarte 1:200.000, ansonsten wird diese sehr schnell sehr teuer. Die zweitbeste Lösung ist ein dreiteiliges Kartenwerk von Kümmerly&Frey 1:400.000.

Ansonsten bleibt nur eine der Übersichtskarten. Achtung, wie für ganz Skandinavien gibt es auch für ganz Finnland Karten, die auf dem Deckblatt einen großen Maßstab angeben, aber nur den Südteil in dieser Größe zeigen. Der Norden auf der Kartenrückseite hat dann einen deutlich kleineren Maßstab.

Eine empfehlenswerte Übersichtskarte ist die Euro-Länderkarte 1:800.000 von RV.

Frankreich

Frankreich ist komplett im Maßstab 1:25.000 kartiert. Dieses Kartenwerk mit der Kennfarbe Blau gibt es in zwei Ausgabearten: zum einen die Sonderausgabe (Top 25), die die gesamte Küste sowie die wichtigsten Berg- und Wanderregionen abdeckt, zum anderen die sehr viel kleinerformatige Normalausgabe (Serie Bleue), die den Rest des Landes abdeckt. Die ehemals orangefarbene amtliche Kartenserie 1:50.000 wird gerade neu aufgelegt und ist in Kürze wieder vollständig lieferbar. In diesem Maßstab gibt es außerdem noch amtliche Wanderkarten für die französischen Pyrenäen, Karten des Verlages Didier-Richard für die französischen Alpen und Karten des Vogesenclubs für die Vogesen.

Als Fahrradkarte ist die „grüne" amtliche Serie Verte 1:100.000 zu empfehlen. Auch hier gibt es einige Sonderausgaben (Top 100) mit touristischen Hinweisen. Für weitere Strecken kann man auch auf die unten angegebenen Autokarten zurückgreifen.

Wer es ganz genau haben möchte, nimmt für kleine Autotouren auch die Serie Verte (siehe Fahrradkarten). Was für Deutschland die Generalkarte, ist für Frankreich die Michelin-Karte 1:200.000. Sie deckt das Land in 36 Einzelblättern bzw. 17 Großblättern oder mit einem Atlas ab und ist absolut zu empfehlen. Ebenfalls sehr brauchbar ist die „rote" amtliche Kartenserie Top 250, die Frankreich in 16 Blättern im Maßstab 1:250.000 abdeckt.

Eine sehr anschauliche und doch detaillierte Übersichtskarte ist die amtliche Carte Générale de la France 1:1 Mio.

Griechenland

Auch wenn sich die Situation in den letzten Jahren gebessert hat, ist Griechenland noch weit von idealen Zuständen entfernt. Für einige Inseln und Bergregionen gibt es von dem neu gegründeten griechischen Verlag Road Editions akzeptable Karten, die je nach Ausschnitt Maßstäbe zwischen

1:30.000 und 1:100.000 haben, für Kreta gibt es eine bedingt brauchbare zweiteilige Karte 1:100.000 aus dem Harms-Verlag.

🚴 Sofern sich für das Zielgebiet nicht zufällig eine der genaueren Karten findet, ist der Radler auf die unten angegebene Autokartenserie angewiesen.

🚗 Aus dem Verlag Road Editions (siehe oben) gibt es eine 6teilige Serie Griechenland 1:250.000, derzeit wohl die detaillierteste Straßenkarte.

👁 Angekündigt ist eine Überblickskarte Griechenland 1:500.000 von Road Editions.

Großbritannien

🥾 Die amtliche Kartierung Großbritanniens läßt keine Wünsche offen, für das ganze Land (ohne Nordirland; siehe Irland) gibt es Karten 1:25.000, derzeit unter drei verschiedenen Namen: Die gelben Outdoor Leisure Maps gibt es für Nationalparks und die wichtigsten Wandergebiete. Die grünen Pathfinder Maps gab es flächendeckend. Sie werden so nach und nach durch die größerformatigen orangeroten Explorer Maps ersetzt, die derzeit bereits ganz Südengland abdecken. Das flächendeckende Kartenwerk 1:50.000 hat die Kennfarbe pink und nennt sich Landranger Maps.

🚴 Für kleinere Strecken empfielt sich die Landranger-Serie 1:50.000 (siehe oben), wer weite Strecken zurücklegen will, wird auch mit der Travelmaster-Serie 1:250.000 (siehe unten) zurechtkommen.

🚗 Die amtliche Travelmaster-Serie 1:250.000, die Großbritannien in acht Blättern abdeckt, ist die ideale Autoreisekarte.

👁 Eine schöne Übersichtskarte ist die World Travel Map Britisch Isles 1:1 Mio. von Bartholomew.

Irland

🥾 In Irland war die Kartensituation bis vor einiger Zeit deutlich schlechter als in Großbritannien, inzwischen beginnt sie, sich zu bessern: Ein neues flächendeckendes Kartenwerk 1:50.000, genannt Discovery Series, ist im Aufbau. Die Küstenregionen sind bereits vollständig abgedeckt, im Landesinneren fehlen noch eine ganze Reihe von Blättern. Für Nordirland gibt es ein entsprechendes Kartenwerk, welches bereits vollständig erschienen ist. Im Maßstab 1:25.000 gibt es nur einige wenige Blätter. Noch fehlende Gebiete kann man nur mit den zum Teil uralten Blättern des Kartenwerkes 1:126.720 abdecken.

🚴 Für kleinere Strecken empfiehlt sich, soweit vorhanden, die Discovery-Serie 1:50.000 (siehe oben), wer weite Strecken zurücklegen will, kann auf die 4teilige Holiday Map 1:250.000 zurückgreifen.

👓 Eine detaillierte Autokarte ist die Holiday Map Irland 1:250.000 in 4 Blättern. Nicht ganz so gut ist die RV Euro-Regionalkarte 1:300.000, die dafür ganz Irland auf einer (doppelseitigen) Karte zeigt.

👓 Auch als Gesamtübersicht läßt sich die Euro-Regionalkarte nutzen (siehe oben). Wer ganz Irland auf einer Kartenseite haben möchte, kann die Michelin-Karte 1:400.000 heranziehen.

Island

👓 Im Maßstab 1:100.000 ist Island in 87 Blättern komplett kartiert. Die Kartenwerke 1:25.000 und 1:50.000 sind noch im Aufbau begriffen, für einige wenige Gebiete gibt es darüber hinaus Sonderblätter.

🚴 Für Radfahrer empfiehlt sich zum einen die nicht ganz billige neunteilige amtliche Karte 1:250.000, wobei jeweils zwei der neun Blätter auch als Doppelblatt verkauft werden. Zum anderen gibt es eine neue, günstigere amtliche Kartenserie 1:300 000 in vier Blättern, die als Radkarte durchaus noch zu gebrauchen ist.

👓 Wer sich als Autofahrer die vierteilige Karte 1:300.000 (siehe oben) sparen will, nimmt am besten die amtliche Karte 1:500.000, die das ganze Land mit einem Blatt abdeckt.

👓 Siehe 👓.

Italien

👓 Für Italien gibt es keine akzeptablen flächendeckenden amtlichen topographischen Kartenwerke. Für wichtige Berg- und Wanderregionen gibt es aber eine ganze Reihe von interessanten Kartenserien: Der Verlag Tabacco bietet Wanderkarten 1:25.000 und 1:50.000 für die östlichen Italienischen Alpen. Das Istituto Geografico Centrale (IGC) bietet Wanderkarten 1:25.000 und 1:50.000 für die westlichen Italienischen Alpen, insbesondere entlang der französischen Grenze. Einen ähnlichen Bereich decken die Karten von Edizioni Multigraphic (EM) 1:25.000 ab, dieser Verlag bietet darüber hinaus Wanderkarten entlang der Apenninen von Genua bis etwa Perugia. Und schließlich gibt es noch für einen Großteil der genannten Bereiche Kompass-Wanderkarten zwischen 1:25.000 und 1:50.000.

🚴 Radfahrer sind in der Regel auf die unten genannten Autokarten angewiesen.

👓 Für Autofahrer bietet Kümmerly&Frey, der die Karten des TCI (Tourig Club Italiano = italienischer Automobilclub) herausbringt, eine Serie 1:200.000 in 15 Blättern. Inzwischen gibt es auch hier im gleichen Maßstab die Generalkarte von Mairs, in 12 Großblättern.

🚗 Eine doppelseitig bedruckte Italienkarte gibt es von K&F im Maßstab 1:500.000, Italien „am Stück" von K&F 1:800.000.

Niederlande

🥾 Die Topografische Kaart van Nederland gibt es flächendeckend 1:25.000 (für die Nordseeinseln jeweils Sonderblätter), 1:50.000 und 1:100.000. Der ANWB (Automobilclub) gibt für einzelne Regionen die „Recreatiekaart" 1:40.000 heraus, die sehr viele Einzelheiten für Touren mit Rad und zu Fuß enthält.

🚴 Der ANWB gibt zusammen mit dem VVV (Fremdenverkehrsamt) für jede Provinz eine „Toeristenkaart" 1:100 000 heraus, mit Informationen für Freizeit, Radwandern und zu Sehenswürdigkeiten. Vom Topografischen Dienst herausgegeben, gibt es für einige Gegenden „Fietsmappen" 1:50.000 mit sehr vielen Einzelheiten auch in Textform über Sehenswürdigkeiten und Landschaft.

🚗 Auch hier gibt es wieder die Generalkarte 1:200.000, auf einem doppelseitig bedruckten Großblatt (umfasst auch den flämischen Teil Belgiens). Die Michelinkarte gibt es im selben Maßstab in zwei Blättern.

🚗 Die Niederlande als Ganzes gibt es ab dem Maßstab 1:250.000. Zum einen von Ravenstein, zum anderen von Mair, hier mit reduzierter Information im Vergleich zur oben genannten doppelseitigen Generalkarte.

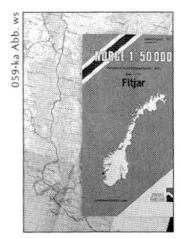

▼Abb. 64:

Zum Wandern hervorragend: eine norwegische Top-Karte 1:50.000

0594-ka Abb. ws

Norwegen

🥾 Für Norwegen gibt es flächendeckend Karten im Maßstab 1:50.000, mit denen man hervorragend wandern kann. Allerdings sind die Einzelblätter nicht allzu groß, so daß man für größere Touren sehr schnell sehr viele Einzelblätter benötigt. Für weite Teile des Landes gibt es aber sogenannte „Turkart", also Wanderkarten, in den Maßstaben 1:50.000 bis 1:100.000, die jeweils ein zusammenhängendes Gebiet abdecken.

🚴 Radfahrer müssen entweder auf die Autokarte zurückgreifen (siehe unten), oder aber auf die nicht ganz billige, amtliche „Vegkart 1:250.000", die zwar den aktuellen Straßenstand und Höhenlinien zeigt, aber mit touristischen Hinweisen geizt.

🚗 Für Autofahrer empfiehlt sich die Straßenkartenserie des norwegischen Verlages Cappelen, die in Deutschland vom Verlag Kümmerly & Frey herausgegeben wird. Sie zeigt das Land auf fünf Großblättern 1:325.000 (die beiden nördlichsten

Blätter 1:400.000), ein Maßstab, der angesichts der Weite des Landes durchaus genau genug ist. Mit klassifiziertem Verkehrsnetz und ausführlichen touristischen Informationen.

🔄 Einen guten Überblick bietet die RV-Euro-Länderkarte Norwegen 1:800.000. Sie ist zwar etwas unhandlich, da riesig und doppelseitig bedruckt, dafür zeigt sie aber auch Schweden und Dänemark komplett und bietet ein Ortsregister. Genau die gleiche Karte wird auch unter dem Titel RV-Euro-Länderkarte Schweden verkauft.

Polen

📚 Zusätzlich zu alten topographischen Karten noch aus sozialistischer Zeit sind flächendeckende Kartenwerke 1:50.000, 1:100.000 (mehrsprach. Legende) und 1:200.000 im Aufbau. Zusätzlich gibt es Sonderkarten für Touristische Gebiete. Der polnische Verlag PPWK bietet für weite Teile des Landes ein breites Spektrum an Wander- und Freizeitkarten in den Maßstäben 30.000–200.000 an.

🚴 Siehe 📚

🗺 Im Maßstab 1:300.000 gibts von RV Polen in vier Blättern.

🔄 Auf einer doppelseitig bedruckten Karte bietet Kümmerly&Frey Polen im Maßstab 1:500.000 an, Polen auf einer Kartenseite ist im Maßstab 1:700.000 bei Michelin zu haben.

Portugal

📚 Portugals topographische Karten in den Maßstäben 1:25.000, 1:50.000 und 1:100.000 sind hoffnungslos veraltet (mindestens 20 Jahre) und zudem teuer. Touristische Sonderkarten gibt es nur von wenigen Gebieten.

🚴 Es gibt keine speziell für Radfahrer geeigneten Karten.

🗺 Von der Algarve gibt es zahlreiche Karten ab 1:100.000, die aber größtenteils nicht halten, was der Maßstab verspricht. Im Maßstab 1:200.000 gibt es für den südlichen Teil Portugals Mairs Generalkarte, das ganze Land ist mit der doppelseitigen RV-Euro-Länderkarte 1:300.000 abgedeckt.

🔄 Portugal „am Stück" ist im Maßstab 1:400.000 bei Michelin zu haben.

Schweden

📚 Den schwedischen topographischen Karten ist je nach Maßstab eine Farbe zugeordnet. Die gelben Karten 1:20.000 decken für den Wanderer fast schon zu kleine Gebiete ab, eher etwas für Pilzsucher. Die grünen Karten 1:50.000 sind gut zum Wandern, Wasserwandern oder für kleine Radtouren. Für die Südhälfte des Gebirgszuges entlang der Grenze zu Norwegen gibt es sie mit einem lila Balken als Gebirgsversion

Tips zum Kartenkauf

063-la Abb. ws

▲ **Abb. 65:**

Die Karten von Collins/Bartholomew bieten einen Ansprechendes Kartenbild von Ländern und Erdteilen

(fjällversion) in etwas größerem Blattschnitt und speziellen Angaben für Wanderer. Für die Nordhälfte dieses Gebirges fehlen sie ganz, man muß hier auf die lila Gebirgskarte (Fjällkartan 1:100.000) ausweichen. Die normale Kartenserie 1:100.000 ist blau, gut geeignet für Radtouren und kleinere Autotouren. 🎿 Siehe 🚗.

🚗 Für Schweden sind die Straßenkarten von Kümmerly& Frey zu empfehlen, man muß hier auf die lila Gebirgskarte Frey zu empfehlen, Südschweden in 5 Blättern 1:250.000, Nordschweden in drei Blättern 1:400.000; eine Übernahme des schwedischen Landesvermessungsamtes. 📖 Siehe Norwegen

Spanien

🗺 Spanien leistet sich den Luxus zweier Vermessungsämter: Mapa Topografico Nacional (MTN) und Cartografia Militar (CM) geben jeweils Kartenwerke in den Maßstäben 25.000, 1:50.000, 1:100.000, 1:200.000, 1:400.000 und 1:800.000 heraus. Allerdings scheint hier die Konkurrenz das Geschäft nicht allzusehr zu beleben, nur ein Teil der Karten ist auf einigermaßen aktuellem Stand. Während die Karten entlang der Mittelmeerküste bei CM aktueller sind, sind die Blätter für die Balearen und die Kanaren beim MTN nutzerfreundlicher geschnitten. Für die Pyrenäen und einige wenige andere Wanderregionen gibt es detaillierte Karten aus dem Alpina-Verlag 1:25.000–1:100.000, allerdings auch nicht immer aktuell.

🎿 Wer nicht auf die teuren topographischen Karten zurückgreifen will, muß mit Autokarten vorlieb nehmen.

🚗 Von den Inseln und Küsten gibt es Karten in den Maßstäben 1:150.000–1:200.000 von verschiedenen Verlagen (Mair, Firestone, ADAC). Das ganze Land wird von acht RV-Euro-Regionalkarten 1:300.000 oder von sechs Michelin-Karten 1:400.000 abgedeckt. Beide Serien gibt es auch in einer preiswerteren Atlasversion.

📖 Die Shell Euro-Karte (Mair) deckt ganz Spanien im Maßstab 1:750.000 ab.

Karten außerhalb Europas

Da man im Rahmen dieses Buches nicht Angaben für jedes einzelne Land machen kann, hier nur ein paar einzelne Hinweise:

Von der britischen Firma **Bartholomew,** inzwischen zu Collins gehörend, gibt es zahlreiche Länder- und Erdteilkarten, die ein schönes Relief zeigen und gut für den Überblick geeignet sind (Abb. 65).

Für Afrika gibt es eine detaillierte Übersichtskarte in drei Blättern 1:4 Mio. von **Michelin.** Im gleichen Maßstab gibt es, ebenfalls in drei Blättern, eine sehr gute Karte von Südamerika, erschienen bei **International Travel Maps** (ITM). Dieser kanadische Verlag hat außerdem weit über hundert Länderkarten im Programm. Für viele Länder in Mittel- und Südamerika, Afrika und Asien können diese Karten jeweils als die beste problemlos verfügbare gelten (Abb. 59).

Kartenwerke für die gesamte Erde

Als wichtigste einigermaßen vollständige Weltkartenwerke sind zunächst die Fliegerkarten **TPC** 1:500.000 und **ONC** 1:1 Mio. zu erwähnen (Näheres siehe „Kartentypen, Fliegerkarten").

Ebenfalls im Maßstab 1:1 Mio gibt es die **Internationale Weltkarte (IWK),** sie ist jedoch teilweise vergriffen, teilweise veraltet und vor allem da aktuell, wo sie als amtliche Karte weitergeführt wird, beispielsweise für ganz Australien.

Im gleichen traurigen Zustand befindet sich das Weltkartenwerk **Karta Mira** 1:2,5 Mio.

Seit dem Zerfall der Sowjetunion kommen immer mehr **Russische Generalstabskarten** auf den Markt (Abb 66). Sie decken die ganze Erde ab, in den Maßstäben 1:1 Mio. und 1:500.000, teilweise sogar 1:200.000 und 1:100.000. Diese guten topographischen Karten sind zwar kyrillisch beschriftet, werden aber mit einer übersetzten Legende geliefert. Allerdings muß man sich bei exotischen Wünschen auf monatelange Lieferfristen gefasst machen – trotzdem für viele Weltgegenden die beste Alternative. In Deutschland sind diese Karten über den Därr Expeditionsservice (Anschrift im Anhang) oder via Internet zu beziehen (www.daerr.de).

Zu Weltkarten auf einem Blatt oder wenigen Blättern siehe „Kartentypen, Weltkarten".

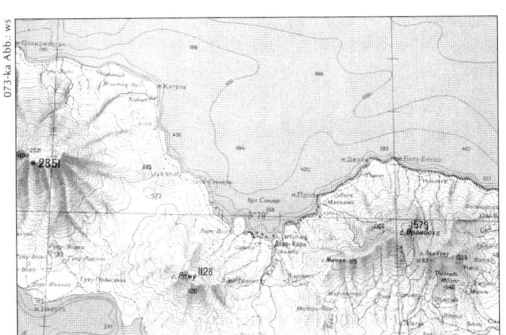

073-ka Abb. ws

◀ *Abb. 66: Auch ohne Kyrillisch-Kenntnisse kann man aus den russischen Generalstabskarten wertvolle Informationen herauslesen (hier Sumbawa/ Indonesien).*

Tips zum Kartenkauf

ANHANG

142

Anhang

Landkarten-spezialisten

Falls Sie die gesuchte Landkarte nicht bei Ihrem Buchhändler finden, können Sie sich an eine der folgenden Buchhandlungen und Ausrüster wenden, die sich auf Landkarten und Reiseliteratur spezialisiert haben:

Aachen

● *Mayersche Buchhandlung,*
Ursuliner Str. 17-19
Tel 0241/4777126, Fax 0241/4777167

Berlin

● *Kiepert KG*
Hardenbergstr. 4-5, 10623 Berlin
Tel 030/31188-0, Fax 030/31188-120
service@Kiepert.de, www.Kiepert.de
Spezialabteilung Berlin, Top-Karten Brandenburg komplett vorrätig
● *Schropp Fachbuchhandlung für Landkarten, Reiseführer und Sprachen*
Potsdamerstr. 129, 10783 Berlin
Tel 030/2355732-0,
Fax 030/2355732-10
landkarten@schropp.de,
www.schropp.de
Spezialabteilung Top-Karten Nord- und Osteuropas
● *Nautische Buchhandlung Dietrich Reimer, Unter den Eichen 57, 12203 Berlin-Lichterfelde*
Tel 030/8312341, Fax 030/8313873
Spezialist für Seekarten

Bern

● *Atlas Travel Shop,*
Schauplatzgasse 21, CH-3011 Bern
Tel 031/3119044, Fax 031/312 5405
www.atlastravelshop.ch

www.travelbook.ch
Filiale in CH-3232 Ins
Tel 032/3134407, Fax 032/3134408
Spezialgebiet Sahara und übriges Afrika

Bielefeld

● *Universitätsbuchhandlung Phönix,*
Oberntorwall 23
Tel 0521/58306-0, Fax 0521/58306-40

Bremen

● *Fata Morgana,*
Geografische Buchhandlung
Auf den Häfen 9/10, 28203 Bremen
Tel 0421/78717, Fax 0421/703059
Fata-morgana@t-online.de, www.
mountmedia.de/fata-morgana

Düsseldorf

● *Sack und Pack*
Brunnenstr. 6, 40223 Düsseldorf
Tel. 0211/341742, Fax 0211/331406
www.sackpack.de,
Spezialgebiet: alpine Karten

Erlangen

● *Palm & Enke, Die Buchhandlung,*
Schloßplatz 1, 91054 Erlangen
Tel 09131/78090, Fax 09131/205275
info@palm-enke.de,
www.palm-enke.de

Essen

● *Orgs Buch- und Landkartenhaus*
Rosastraße 12, 45130 Essen
Tel 0201/781778, Fax 0201/780402
● *Baedeker, Kettwiger Str. 35*
Tel 0201/2068153, Fax 0201/2068100

Frankfurt/M

● *Hugendubel, Steinweg 12*
Tel 069/29982-130, Fax 069/2977322
● *Landkarten und Reiseführer*
Richard Schwarz KG

Eckenheimer Landstr. 36,
60318 Frankfurt am Main
Tel 069/553869, Fax 069/5975166
Berliner Str. 72 (Eingang: Großer
Hirschgraben), Tel 069/287278

Freiburg
● Landkartenhaus Voigt
Schiffstr. 6, 79098 Freiburg
Tel 0761/23908, Fax 0761/2020054
Schweizer Top-Karten komplett vorrätig

Graz
● freytag & berndt
reisebuchhandlung
Sporgasse 29, A-8010 Graz
Tel 0043-316/818230,
0043-316/818230-30
Shop@freytagberndt.at

Hamburg
● Dr. Götze Land & Karte
Bleichenbrücke 9 (In der Bleichenhof-
Passage) 20354 Hamburg
Tel 040/3574630, Fax 040/3480318

Hannover
● Schmorl & von Seefeld,
Bahnhofstr. 14, 30159 Hannover
Tel 0511/3675-0, Fax 0511/325625
www.schmorl.de,
schmorl@hannover_sgh-net.de

Karlsruhe
● Buch-Kaiser GmbH
Kaiserstr. 199, 76133 Karlsruhe
Tel 0721/92929-0, Fax 0721/92929-90

Kiel
● Geobuchhandlung
Schülperbaum 9, 24103 Kiel
Tel 0431/91002, Fax 0431/94249
Geobuchkiel@t-online.de

Köln
● Landkartenhaus Gleumes & Co
Hohenstaufenring 47-51,
50674 Köln
Tel 0221/211550 oder 215650,
Fax 0221/249417
webmaster@landkartenhaus-
gleumes.de,
www.landkartenhaus-gleumes.de
Top-Karten Deutschland komplett
vorrätig

Ludwigsburg
● Buchhandlung Aigner,
Arsenalstr. 8
Tel 07141/936322,
Fax 07141/936350

Mainz
● Gutenbergbuchhandlung,
Große Bleiche 29
Tel 06131/2703312, Fax 06131/2703360

Monheim
● Nordis Versand GmbH,
Postfach 10 03 43, 40767 Monheim,
Tel 02173/95370, Fax 02173/54278,
nordisbulk@aol.com,
www.nordis.com/versand

München
● Äquator GmbH,
Bücher-Ausrüstung-Reisen
Hohenzollernstr. 93, 80796 München
Tel 089/2711350, Fax 089/2714599
● Därr Expeditionsservice GmbH
Theresienstr. 66, 80333 München
Tel 089/282032, Fax 089/282525
Service@daerr.de, www.daerr.de
Spezialgebiet: Fliegerkarten,
sowjetische Generalstabskarten
● Geobuch, Geographische
Buchhandlung
Rosental 6, 80331 München
Tel 089/265030, Fax 089/263713
geobuch@t-online.de

Anhang

Nürnberg
● Hugendubel Nürnberg
Ludwigsplatz 1, 90403 Nürnberg
Tel 0911/2362125, Fax 0911/2362112
Spezialgebiet: Franken

Regensburg
● Pustet, Gesandtenstr. 6-8
Tel 0941/569722, Fax 0941/569736

Stuttgart
● Buchhandlung Wittwer, Königstr. 30
Tel 0711/2507170, Fax 0711/2507193
● Woick Versand-Team
Postfach 134301, 70774 Filderstadt
www.woick.de

Trier
● Akademische Buchhandlung
Fleischstr.62,
Tel 0651/9799285, Fax 0651/9799290
info@interbook.de, www.interbook.de

Tübingen
● Osiandersche Buchhandlung
Wilhelmstraße 12, 78074 Tübingen
Tel 07071/9201-0, Fax 07071/920192

Wien
● freytag & berndt reisebuchhandlung
Kohlmarkt 9, A-1010 Wien
Tel 0043-1/5338685,
Fax 0043-1/5338685-86
Shop@freytagberndt.at,
www.freytagberndt.at
● Reisebuchladen, Kolingasse 6
Tel 01/3173384, Fax 01/3198064

Wiesbaden
● Landkartenhaus und
Buchhandlung Angermann,
Mauergasse 21, 65183 Wiesbaden
Tel 0611/376061,Fax 0611/300385
www.landkartenhaus.de (in Vorberei-
tung)

Wuppertal
● Buchhandlung Baedeker,
Geographische Buchhandlung
Friedrich-Ebert-Str. 31,
42103 Wuppertal
Tel 0202/305011, Fax 0202/316344
www.buchkatalog.de/baedeker

Zürich
● Travel Book Shop, Rindermarkt 20
Tel 01/2523883, Fax 01/2523832

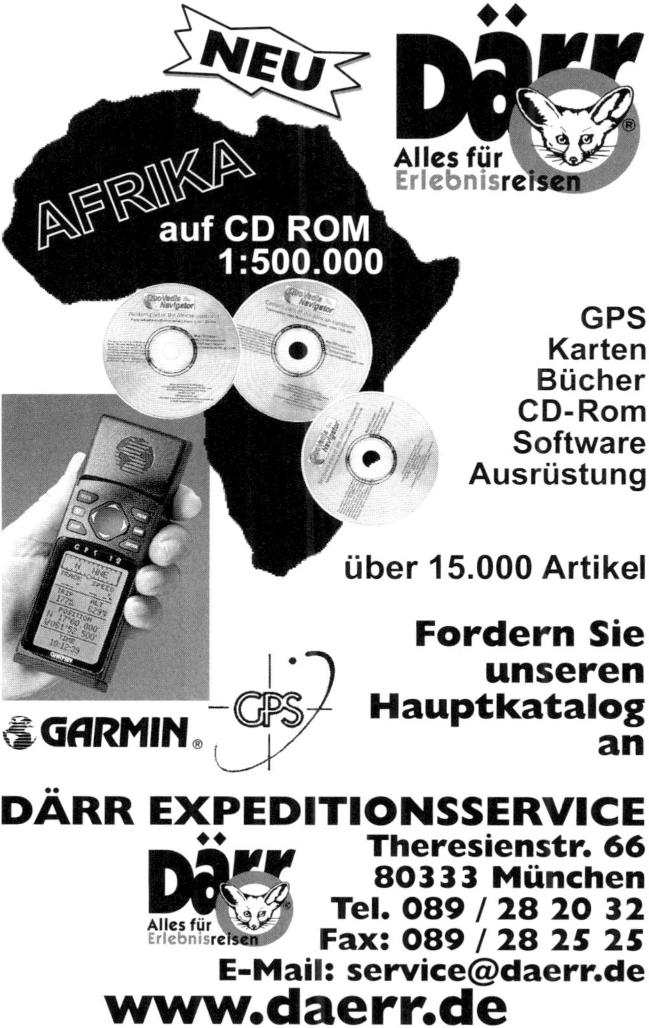
NEU
Därr
Alles für Erlebnisreisen
AFRIKA
auf CD ROM
1:500.000
GPS
Karten
Bücher
CD-Rom
Software
Ausrüstung
über 15.000 Artikel
Fordern Sie unseren Hauptkatalog an
GARMIN®
GPS
DÄRR EXPEDITIONSSERVICE
Därr
Alles für Erlebnisreisen
Theresienstr. 66
80333 München
Tel. 089 / 28 20 32
Fax: 089 / 28 25 25
E-Mail: service@daerr.de
www.daerr.de

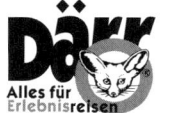

Anhang

PROGRAMMÜBERSICHT

REISE KNOW-HOW

REISE KNOW-HOW Bücher werden von Autoren geschrieben, die Freude am Reisen haben und viel persönliche Erfahrung einbringen. Sie helfen dem Leser, die eigene Reise bewußt zu gestalten und zu genießen. Wichtig ist uns, daß der Inhalt nicht nur im reisepraktischen Teil „Hand und Fuß" hat, sondern daß er in angemessener Weise auf Land und Leute eingeht. Die Reihe REISE KNOW-HOW soll dazu beitragen, Menschen anderer Kulturkreise näher zu kommen, ihre Eigenarten und ihre Probleme besser zu verstehen. Wir achten darauf, daß jeder einzelne Band gemeinsam gesetzten Qualitätsmerkmalen entspricht. Um in einer Welt rascher Veränderungen laufend aktualisieren zu können, drucken wir bewußt kleinere Auflagen.

EDITION RKH

Geschichten aus dem anderen Mallorca
ISBN 3-89662-161-0
Mallorquinische Reise (REISE STORY)
ISBN 3-89662-153-x
Das Yanomami-Massaker
ISBN 3-89416-624-x

Welt

Abent. Weltumradlung (RAD & BIKE)
ISBN 3-929920-19-0
Äqua-Tour (RAD & BIKE)
ISBN 3-929920-12-3
Auto(fern)reisen
ISBN 3-921497-17-5
CD-Rom Reise-Infos Internet
ISBN 3-89416-658-4
Erste Hilfe effektiv
ISBN 3-89416-689-4
Fahrrad-Weltführer
ISBN 3-9800975-8-7
Der Kreuzfahrtführer
ISBN 3-89416-663-0
Motorradreisen
ISBN 3-89662-020-7
Outdoor-Praxis
ISBN 3-89416-629-0
Die Welt im Sucher
ISBN 3-9800975-2-8
Wo es keinen Arzt gibt
ISBN 3-89416-035-7

Europa

Amsterdam
ISBN 3-89416-677-0
Andalusien
ISBN 3-89416-679-7
Bretagne
ISBN 3-89416-175-2
Budapest
ISBN 3-89416-660-6
Bulgarien
ISBN 3-89416-220-1
Costa Brava
ISBN 3-89416-646-0
Dänemarks Nordseeküste
ISBN 3-89416-634-7
England, der Süden
ISBN 3-89416-676-2
Europa Bike-Buch (RAD & BIKE)
ISBN 3-89662-300-1
Gran Canaria
ISBN 3-89416-665-7
Großbritannien
ISBN 3-89416-617-7
Hollands Nordseeinseln
ISBN 3-89416-619-3

Europa

Irland-Handbuch
ISBN 3-89416-636-3
Island
ISBN 3-89662-035-5
Kärnten
ISBN 3-89662-105-x
Kreta
ISBN 3-89416-685-1
Litauen & Königsberg
ISBN 3-89416-169-8
Das Tal der Loire
ISBN 3-89416-681-9
London
ISBN 3-89416-673-8
Madrid
ISBN 3-89416-201-5
Mallorca
ISBN 3-89662-156-4
Mallorca für Eltern und Kinder
ISBN 3-89662-158-0
Mallorca, Reif für
ISBN 3-89662-168-8
Mallorca, Wandern auf
ISBN 3-89662-162-9
Malta
ISBN 3-89416-659-2
Nordspanien und der Jakobsweg
ISBN 3-89416-678-9
Nordtirol
ISBN 3-89662-107-6
Oxford
ISBN 3-89416-211-2
Paris
ISBN 3-89416-667-3
Polens Norden - Ostseeküste/Masuren
ISBN 3-89416-613-4
Prag
ISBN 3-89416-690-8
Provence
ISBN 3-89416-609-6
Pyrenäen
ISBN 3-89416-692-4
Rom
ISBN 3-89416-670-3
Salzburger Land - Salzkammergut
ISBN 3-89662-109-2
Schottland-Handbuch
ISBN 3-89416-621-5
Sizilien
ISBN 3-89416-627-4

Europa

Skandinavien – der Norden
ISBN 3-89416-653-3
Toscana
ISBN 3-89416-664-9
Tschechien
ISBN 3-89416-600-2
Warschau/Krakau
ISBN 3-89416-209-0
Wien
ISBN 3-89416-213-9

SACHBÜCHER:
Die Sachbücher vermitteln KNOW-HOW rund ums Reisen: Wie bereite ich eine Motorrad- oder Fahrradtour vor? Welche goldenen Regeln helfen mir, unterwegs gesund zu bleiben? Wie komme ich zu besseren Reisefotos? Wie sollte eine Sahara-Tour vorbereitet werden? In der Sachbuchreihe von REISE KNOW-HOW geben erfahrene Vielreiser Antworten auf diese Fragen und helfen mit praktischen, auch für Laien verständlichen Anleitungen bei der Reiseplanung.

RAD & BIKE:
REISE KNOW-HOW RAD & BIKE sind Radführer von lohnenswerten Reiseländern bzw. Radreise-Stories von außergewöhnlichen Radtouren durch außereuropäische Länder und Kontinente. Die Autoren sind entweder bekannte Biketouren-Profis oder „Newcomer", die mit ihrem Bike in kaum bekannte Länder und Regionen vorstießen. Wer immer eine Fern-Biketour plant - oder nur davon träumt – kommt an unseren RAD & BIKE-Bänden nicht vorbei!

Deutschland

Hauptstadt Berlin mit Potsdam
ISBN 3-89416-688-6
Insel Borkum
ISBN 3-89416-632-0
Insel Fehmarn
ISBN 3-89416-683-5
Harz/Ost
ISBN 3-89416-228-7
Harz/West
ISBN 3-89416-227-9
Insel Langeoog
ISBN 3-89416-684-3
Mecklenburg/Brandenburg Wasserwandern
ISBN 3-89416-221-x
Mecklenburg/Vorp. Binnenland
ISBN 3-89416-615-0
München
ISBN 3-89416-672-x
Insel Norderney
ISBN 3-89416-652-5
Nordfriesische Inseln
ISBN 3-89416-601-0
Nordseeinseln
ISBN 3-89416-197-3
Nordseeküste Niedersachsens
ISBN 3-89416-603-7
Ostdeutschland individuell
ISBN 3-89662-480-6
Ostfriesische Inseln
ISBN 3-89416-602-9
Ostseeküste Mecklenburg-Vorpom.
ISBN 3-89416-184-1
Ostseeküste Schleswig-Holstein
ISBN 3-89416-631-2
Rügen und Hiddensee
ISBN 3-89416-654-1
Sächsische Schweiz
ISBN 3-89416-630-4
Schwarzwald
ISBN 3-89416-611-8
Schwarzwald/Nord
ISBN 3-89416-649-5
Schwarzwald/Süd
ISBN 3-89416-650-9
Insel Sylt
ISBN 3-89416-682-7
Thüringer Wald
ISBN 3-89416-651-7

Afrika

Agadir, Marrakesch und der Süden Marokkos
ISBN 3-89662-072-x
Ägypten individuell
ISBN 3-89662-470-9
Äthiopien
ISBN 3-89662-043-6
Bikeabenteuer Afrika (RAD & BIKE)
ISBN 3-929920-15-8
Durch Afrika
ISBN 3-921497-11-6
Kairo, Luxor, Assuan
ISBN 3-89662-460-1
Kamerun
ISBN 3-89662-032-0
Libyen
ISBN 3-89662-005-3
Madagaskar, Seychellen, Mauritius, Réunion, Komoren
ISBN 3-89662-062-2
Marokko
ISBN 3-89662-081-9
Namibia
ISBN 3-89662-321-4
Simbabwe
ISBN 3-89662-026-2
Tansania Handbuch
ISBN 3-89662-048-7
Tunesien
ISBN 3-921497-74-4
Tunesiens Küste
ISBN 3-89662-076-2
Westafrika – Küstenländer
ISBN 3-89662-002-9
Westafrika – Sahel
ISBN 3-89662-001-0

Praxis

Kanu-Handbuch
ISBN 3-89416-725-1
Wildnis-Ausrüstung
ISBN 3-89416-750-5
Wildnis-Küche
ISBN 3-89416-751-3

Anhang

PROGRAMMÜBERSICHT

Asien

Auf nach Asien (RAD & BIKE)
ISBN 3-89662-301-x
Bali & Lombok mit Java
ISBN 3-89416-645-2
Bali: Ein Paradies wird erfunden
ISBN 3-89416-618-5
Bangkok
ISBN 3-89416-655-x
China Manual
ISBN 3-89416-626-6
China, der Norden
ISBN 3-89416-229-5
Chinas Osten mit Bejing
und Shanghai
ISBN 3-89416-680-0
Emirat Dubai
ISBN 3-89416-094-0
Hongkong, Macau u. Kanton
ISBN 3-89416-235-x
Indien, der Norden
ISBN 3-89416-223-6
Israel, palästinensische Gebiete,
Ostsinai
ISBN 3-89662-451-2
Jemen
ISBN 3-89662-009-6
Jordanien
ISBN 3-89662-452-0
Kambodscha
ISBN 3-89416-233-3
Komodo/Flores/Sumbawa
ISBN 3-89416-060-8
Ladakh und Zanskar
ISBN 3-89416-176-0
Laos
ISBN 3-89416-637-1
Malaysia
mit Singapur und Brunei
ISBN 3-89416-640-1
Mongolei
ISBN 3-89416-217-1
Myanmar (Burma)
ISBN 3-89662-600-0
Nepal-Handbuch
ISBN 3-89416-668-1
Oman
ISBN 3-89662-100-9
Phuket (Thailand)
ISBN 3-89416-182-5
Rajasthan
ISBN 3-89416-616-9

Asien

Singapur
ISBN 3-89416-656-8
Sri Lanka
ISBN 3-89416-170-1
Sulawesi (Celebes)
ISBN 3-89416-635-5
Taiwan
ISBN 3-89416-693-2
Thailand Handbuch
ISBN 3-89416-675-4
Thailand: Tauch- und Strandführer
ISBN 3-89416-622-3
Thailands Süden mit Bangkok
ISBN 3-89416-662-2
Tokyo
ISBN 3-89416-206-6
Vereinigte Arabische Emirate
ISBN 3-89662-022-3
Vietnam-Handbuch
ISBN 3-89416-661-7

Amerika

Argentinien/Urug./Parag.
ISBN 3-89662-051-7
Atlanta & New Orleans
ISBN 3-89416-230-9
Barbados
ISBN 3-89416-639-8
Canada Ost/USA Nord-O
ISBN 3-89662-151-3
Canadas Westen mit Alaska
ISBN 3-89662-157-2
Chile & Osterinseln
ISBN 3-89662-054-1
Costa Rica
ISBN 3-89416-641-x
Dominikanische Republik
ISBN 3-89416-643-6
Ecuador/Galapagos
ISBN 3-89662-055-x
Guatemala
ISBN 3-89416-214-7
Hawaii
ISBN 3-89416-696-7
Honduras
ISBN 3-89416-666-5
Kolumbien
ISBN 3-89662-058-4

Amerika

Lateinamerika BikeBuch
ISBN 3-89662-302-8
Mexiko
ISBN 3-89662-310-9
New Orleans
ISBN 3-89416-686-x
New York City
ISBN 3-89416-687-8
Panama
ISBN 3-89416-671-1
Peru/Bolivien
ISBN 3-89662-330-3
Radabenteuer Panamericana
(RAD & BIKE)
ISBN 3-929920-13-1
San Francisco
ISBN 3-89416-232-5
St. Lucia, St. Vincent, Grenada
ISBN 3-89416-624-8
Trinidad und Tobago
ISBN 3-89416-638-x
USA/Canada
ISBN 3-89662-170-x
USA/Canada Bikebuch (RAD & BIKE)
ISBN 3-929920-17-4
USA mit Flugzeug und Mietwagen
ISBN 3-89662-150-5
USA, Gastschüler in den
ISBN 3-89662-163-7
USA für Sportfans
ISBN 3-89416-633-9
USA - Südwest
Natur- und Wanderführer
ISBN 3-89662-169-6
USA-Westen
ISBN 3-89662-165-3
Venezuela
ISBN 3-89662-040-1

Ozeanien

Neuseeland Campingführer
ISBN 3-921497-92-2
Bikebuch Neuseeland
(RAD & BIKE)
ISBN 3-929920-16-6

Anhang

Anhang

156

Register

A

Abkürzungen 49
Aktualisierung 79
Aktualität 80
Amerikanische Karten 45
Amtliche Karten 131
Angewandte Karte 92
Anschlußhinweise 56
Äquidistanz 30
Atlanten 103
Auswählen 20
Autoatlas 95
Autokarten 94, 131
Azimutalprojektion 66

B

Bandkolorit 97
Beiheft 71
Beikarten 72
Belgien 135
Benutzerfreundlichkeit 125
Bergstriche 29
Bezugsfläche 69
Bildpläne 107
Blattschnitt 73
Breitengrade 60
Böschungsdiagramm 32
Böschungsschraffen 29
Böschungsschummerung 36
Böschungsstriche 37
Buchhandel 125

C / D

CD-Rom 111
Dänemark 136
Deckblatt 71
Definition einer Karte 15
Deklination 77
Deutschland 132
Digitaler Datensatz 112
Doppelblatt 72

E

EAN-Code 78
Eigennamen 49
Einzelzeichen 48
Eisenbahnen 46
Elektronische Kartographie 112
Entfernungen 87
Erscheinungsjahr 79
Europa 132

F

Fachatlanten 104
Fährlinien 47
Fallstriche 37
Fälschungen 130
Farben 40
Feet 34
Felszeichnung 38
Finnland 136
Flächenkolorit 97
Flächentreu 65
Fliegerkarten 101-102
Fließrichtung 41
Flugplätze 47
Folgekarten 23
Fortführungsstand 79
Frankreich 137
Freizeitkarten 93
Funktionen darstellen 21
Fuß 34

G

Gattungsnamen 49
Gauß-Krüger-Koordinaten 68
Gebäude 42
Gefalzt 97
Geländedarstellung 28
Generalisieren 17
Geo Katalog 126
Geocodierung 112
Geodäsie 65
Geodätische Grundlagen 75
Geodätische Koordinatensysteme 62
Geographisch-Nord 76
Geographische Breite 59
Geographische Informationssysteme 116
Geographische Koordinaten 58
Geographische Länge 59
Geoid 70
Gesamtnachführung 79
Gewässer 41
Gitter-Nord 77
Globen 110
Grad 59
Grenzen 47
Griechenland 137
Großbritannien 138

H

Herstellerangaben 78
Hilfshöhenlinien 30
Hochwert 62

Anhang

REGISTER

Höhe 28
Höhenlinien 29
Höhenpunkte 34
Höhenschichten 34
Hyperboloid-
   projektion 99

I

ICAO-Karten 101
Index 81
Inselkarten 55
Internationale
   Weltkarte 143
Irland 138
ISBN 78
Island 139
Italien 139

K

Kanäle 47
Karta Mira 143
Kartenaufbau 54
Kartenfeld 54
Kartenformat 54
Kartengitter 54
Karteninhalt 27
Kartenkauf 123
Kartennetzentwürfe
   65
Kartennetz 54
Kartenprojektionen
   65
Kartenrahmen 56
Kartenrand 71
Kartentaschen 128
Kartentitel 71
Kartentypen 93
Kartogramme 107
Katasterämter 125
Kegelprojektion 66
Kesselpfeil 39
Kilometer-Gitter 64

Klassifizieren 21
Kompaßrose 76
Koordinatenmesser
   64
Koordinaten 57
Kopieren 129

L

Landkarten-
   spezialisten 125, 144
Längengrade 60
Längentreue 65
Legende 39, 74
Liniennetzpläne 108
Loxodrome 66
Luftbilder 106
Luftbildkarten 107

M

Magnetisch-Nord 76
Maulwurfshügel-
   karten 29
Maßstabsbalken 84
Maßstabsfolge 22
Maßstab 82
Meereshöhe 31
Meilen 88
Mercator, Gerhard 66
Meridiane 61
Meridiankonvergenz
   77
Mißweisung 77

N

Nadelabweichung 77
Namen 49
Nationalatlanten 104
Navigation 100
Nebenkarten 72
Neigungsmaßstab 32
Niederlande 140
Nordrichtungen 75

Normal Null 31
Norwegen 140

O

ONC-Karten 102
Orthofoto 107
Ortsregister 81
Österreich 135

P

Panoramakarten 105
Parallelkreise 60
Patentfaltung 99
Peters-Projektion 97
Physisches
   Kartenbild 97
Plano 97
Planquadrat 57
Planzeiger 64
Polen 141
Politisches
   Kartenbild 97
Portugal 141
Positionsangaben
   64
Preis 78
Private
   Kartographie 131

R

Radkarten 131
Radwanderkarten 93
Rasterdaten 112
Rechtswert 62
Regionalatlanten
   104
Register 81, 103
Reliefs 109
Rotationsellipsoid 70
Routenplaner 115
Russische General-
   stabskarten 143

S

Satellitenbildkarten 107
Schattenschraffen 29
Schiffslinien 47
Schraffen 29
Schrägansicht 28
Schräglicht-schummerung 36
Schrift 48
Schulatlanten 104
Schummerung 36
Schweden 141
Schweiz 134
Seekartennull 31
Seekarten 100
Seemeilen 88
Siedlungen 42
Signaturen 39
Software 111
Sollmaße 74
Spanien 142
Spezial-Faltung 99
Stadtatlas 98
Stadtpläne 98
Straßenkarten 94
Straßennummern 95
Straßenverzeichnis 81

Straßen 44
Suchgitter 57
Symbole 39

T

Thematische Atlanten 104
Thematische Karten 92
Topographische Karten 92
Touristische Informationen 74
TPC-Karten 102

U

Überblickskarten 131
Überhöhung 109
Übersichtskarten 95
Übersichtsskizze 73
Überzeichnung 56
Unterwegs 128
UTM-System 63, 69

V

Vegetation 42
Vektordaten 114
Verdrängen 19

Vereinfachen 18
Vergrößern 19
Verkaufszeitraum 80
Verkehr 44

W

Wanderkarten 93, 131
Wechselbildgloben 111
Wege 44
Weltatlanten 103
Weltkarten 96
Wertungen darstellen 21
WGS 84 70
Winkeltreu 65

Z

Zahlen 50
Zähllinien 31
Zeichenerklärung 39
Zusammenfassen 20
Zylinderprojektion 66

Anhang

Der Autor

In den Bücherregalen stapeln sich die dicken Atlanten, an den Wänden hängen alte und neue Landkarten, selbst das Badezimmer ist vor seiner Leidenschaft nicht gefeit und wurde noch vor der Wiedervereinigung mit einer selbst fabrizierten Karte der neuen und alten Bundesländer geschmückt: Der

gelernte Buchhändler Wolfram Schwieder, Jahrgang 1963, pflegte auch während des Geographie-Studiums seine Vorliebe für die Kartographie. Präzise Orientierung ist für ihn eine Selbstverständlichkeit – ob in den heimatlichen bayerischen Alpen, während einer Expedition zur Kartierung der Pflanzenwelt am Mount Kenia in Ostafrika oder während seiner zahlreichen Auslandsaufenthalte (darunter jeweils ein Jahr in Norwegen und im schottischen Edinburgh). Nach dem Studium wurden die Karten zum Beruf: Er arbeitete zunächst als Landkartenhändler in Köln und unterrichtete als Gastreferent bei Kartenkunde-Seminaren an den Schulen des Deutschen Buchhandels in Frankfurt. Heute ist er als Lektor für Reiseführer in Bielefeld tätig und wartet auf den Tag, an dem er seine erst dreijährige Tochter in den richtigen Umgang mit Nord und Süd einweisen kann.

Danksagung

Ganz herzlichen Dank an meinen Co-Autor Michael Laufersweiler, Geograph, Kartenhändler und Spezialist für elektronische Karten, der nicht nur das Kapitel über Karten auf CD-Rom beisteuerte, sondern mir auch darüber hinaus mit Rat zur Seite stand und insbesondere dafür sorgte, daß das Kapitel „Karten für Europa und die Welt" auf neuestem Stand ist. Vielen Dank auch an Ruth Jacobi, Christoph Kraul, Sabine Schwieder und Caroline Tiemann, die zahlreiche Korrekturen und Anregungen beisteuerten, und an das Landkartenhaus Gleumes in Köln, welches mir für viele Abbildungen aktuelle Karten zur Verfügung stellte.